ドラッカー霊言による

「国家と経営」

日本再浮上
への提言

PETER F.
DRUCKER

大川隆法
RYUHO OKAWA

P.F.ドラッカーの霊言は、2010年3月19日(写真上・下)、
幸福の科学総合本部にて、質問者との対話形式で公開収録された。

まえがき

P．F．ドラッカーは、昨年、生誕百周年を迎えたのを機《き》に、今、日本では再びブームになっている。著書では、思想性、哲学性の高い経営学が説かれているが、戦後日本の大企業群を成長させた、陰《かげ》の軍師《ぐんし》であったことは間違いない。

実を明かせば、私の総裁する宗教法人・幸福の科学も二十年近い昔から、ドラッカー師に霊的に経営指導をうけており（生前は、守護霊を通じてではあったが）、戦後発祥《はっしょう》した新宗教としては、驚異的な急成長と、堅実な経営体質を創り上げた。

今回、帰天わずか五年足らずで、同師から、日本再浮上への提言を霊言として頂いた。この国を救うための処方箋《しょほうせん》に満ちている一冊である。政治家、宗教家、マスコミ関係者、学者、経営者、ビジネス・パーソンたちに、幅広く読んで頂ければ幸いである。

二〇一〇年　五月二十五日

幸福《こうふく》の科学《かがく》グループ創始者兼総裁《そうししゃけんそうさい》　大川隆法《おおかわりゅうほう》

ドラッカー霊言による「国家と経営」　目次

第2章　日本をマネジメントする

二〇一〇年三月十九日　P．F．ドラッカーの霊示

第1章

企《き》業《ぎょう》の使命とは何か

二〇一〇年三月十九日　P.F.ドラッカーの霊示

ピーター・F・ドラッカー（一九〇九～二〇〇五）
オーストリア生まれの経営学者、社会生態学者。『現代の経営』『イノベーションと企業家《きぎょうか》精神』などの数多くの著作は、世界の企業経営者に大きな影響《えいきょう》を与《あた》え、その業績から、「マネジメントの父」と称《しょう》される。

［質問者三名は、それぞれA・B・Cと表記］

1　ドラッカーは幸福の科学の支援霊《しえんれい》

「マネジメントの父」ドラッカーの過去世《かこぜ》は日本人

大川隆法　経営学者、社会生態学者のドラッカーが九十五歳《さい》で亡くなられてから、すでに五年になります。

「ドラッカーなら、今の日本や世界の経済危機、その他を見たとき、何を言うか」ということは、国民にとっても関心があることでしょうし、おそらく、今、大企業《きぎょう》の経営者などには、「ドラッカーに教えを乞《こ》いたい」というニーズもあるのではないかと思います。

同じようなニーズがあったので、先般《せんぱん》、松下幸之助《まつしたこうのすけ》の霊言《れいげん》（『松下幸之助 日本を叱《しか》る』〔幸福の科学出版刊〕）を出しましたが、ドラッカーのほうは、「もう、今後は、日本を超《こ》えて、世界的レベルでのあり方を考えるべきだ」というご意見をお持ちなのではないかと思うのです。

そういう意味で、質問者は、国民のみなさんが知りたがっている、日本や世界の今後に関する情報を、交代で、うまく引き出していただければと思います。

生前のドラッカーは日本通であり、書画や骨董《こっとう》をかなり鑑定《かんてい》できるぐらい、日本のことをよくご存じでしたし、日本を何度も訪問しておられます。

また、本人が、かたくなに公表を拒否《きょひ》しているため、私は明かしていませんが、過去世《かこぜ》である「魂《たましい》の兄弟」のなかには、日本人がいます。

したがって、ドラッカーの霊は、日本語で、会話をしたり、文字を書いたりすることもできます。霊言自体は、英語でも日本語でも、どちらでも可能です。ただ、聴《き》く人のことと、あとで本をつくる際の便宜《べんぎ》とを考えると、日本語のほうがよろしいかと思いますので、なるべく日本語でやりたいと思います。

ドラッカーは、過去世で日本人の経験があるので、日本語は話せますし、私のほうも、英語の実力は同時通訳の人とそれほど変わらないので、どちらでもよいのですが、英語だと話が短くなる可能性があるので、なるべく日本語で統一しようと考えています。

読者のみなさんのなかには、「ドラッカーの霊がなぜ日本語で話すのだろう」と思う方もいるかもしれないので、一言、申し添《そ》えておきます。

では、この危機の時代において、日本と世界の経済が危機に立つなかにおいて、「マネジメントの父」「経営学の父」とも言われるピーター・ドラッカーを、天上界《てんじょうかい》より招霊《しょうれい》いたします。

幸福実現党を含《ふく》め、われら幸福の科学に力を与《あた》え、われらの、あるべき姿や、政治的、経済的な考え方などについて、助言を賜《たまわ》れれば幸いです。

（約十秒間の沈黙《ちんもく》）

ピーター・ドラッカー、ピーター・ドラッカーの霊よ、ピーター・ドラッカーの霊よ、ご降臨たまいて、われらを指導したまえ。ピーター・ドラッカー、ピーター・ドラッカーの霊よ、ご降臨たまいて、われらを指導したまえ。ピーター・ドラッカー、ピーター・ドラッカーの霊よ、ご降臨たまいて、われらを指導したまえ。

（約三十秒間の沈黙）

ドラッカー霊指導《れいしどう》による研修が開催《かいさい》されている「幸福の科学の精舎《しょうじゃ》」

ドラッカー　ドラッカーです。

Ａ──　ドラッカー先生、おはようございます。本日は、ご降臨を賜り、本当にありがとうございます。

私は幸福の科学で財務部門を担当しております。このように、「敬愛なる」

といいますか、大好きな大好きなドラッカー先生と、直接、お話をさせていただけますことを、心より感謝申し上げます。

ドラッカー　先ほどから感じていました。あなたがとても喜んでいる感じが伝わってきています。

A――　はい。「アイ・ラブ・ユー」という感じです（笑）。

ドラッカー　いやあ、それは困ります（会場笑）。それは困りますが、思想の次元でなら、いいです。それ以上は困ります（会場笑）。

Ａ――　はい。私たち幸福の科学の幹部は、ドラッカー先生の書籍《しょせき》を、一生懸命《いっしょうけんめい》、勉強しておりまして、本当に隅《すみ》から隅まで読ませていただいております。私も、朝から晩まで先生の本を読みあさっていたものでございます。また、当会の幹部や職員だけではなく、信者のみなさんも、先生のことが大好きなんです。

ドラッカー　ああ、そうですか。

Ａ――　はい。ドラッカー先生の霊指導《れいしどう》による精舎《しょうじゃ》研修をさせていただいておりますが、超ロングランのメガヒット研修になっております。

ドラッカー　はい、ありがとう。

A――　その研修中に、先生のお人柄《ひとがら》を感じられ、「ドラッカー先生が、直接、言葉をかけてくださっているようだ」と思われる方が非常に多くいらっしゃり、好評を博しております。この場をお借りしまして、お礼を申し上げたいと思います。

ドラッカー　あなたは、たいへんよく勉強なさっているようですし、日本経済の中枢《ちゅうすう》にも身を置かれた方のようですので、私のほうが、いろいろと訊《き》かなければいけないことが多いかもしれませんけれども、お手柔《やわ》らかにお願いします。

Ａ――　いえ、こちらこそ、よろしくお願いします。

「日本経済が世界に冠《かん》たるものになったのは、ドラッカー先生の理論を実践《じっせん》に移したからである。特に、高度成長期においては、ドラッカー理論が、その精神的、実践的な礎《いしずえ》、基本柱になっていた」と私は理解しております。

経団連のトップクラスの方と話をしましても、やはり、ドラッカー理論を、自分の思想であるかのように、滔々《とうとう》と語られます。それを見まして、先生の偉《い》大《だい》さを、本当に心から感じてまいりました。

ドラッカー　微力《びりょく》ではございますが、戦後、私の本で日本の企業を大きくした実例がかなりあることを、うれしく思っております。

しかし、まあ、ほとんどは日本の勤勉な経営者たちによる努力の結晶《けっしょう》です。

私は現実に会社を経営するわけではありません。あくまでも、アドバイザーというような立場で意見を述べたまでであり、まあ、高みの見物をしていただけですので、「実践して成功なさった方々が偉い」と考えています。

2　日本経済の蹉跌《さてつ》の原因とは

A――　ドラッカー先生が未来社会について展開された理論に当てはめますと、日本は、まさに情報社会に移行しようとしたときに、蹉跌《さてつ》してしまったように見えます。

それについて、日本の経済を支える経営者たち、あるいは日本の国民に、「何がいけなかったのか。その原因は何だったのか。どうすべきだったのか。先々、どうしていくべきなのか」ということを、ご教示いただければと思います。

現在の日本経済には、はっきりとした倫理《りんり》基準がない

ドラッカー　日本の問題は、「経済に、倫理《りんり》というか、道徳を入れようとしたんだけれども、その基準になるものが本当はなかった」ということなんですよね。

日本では、一九八〇年代の経済成長に対して恐《おそ》れを抱《いだ》いた人たちが、「これは倫理に反する。『濡《ぬ》れ手《て》で粟《あわ》』のように、働かなくても金が儲《もう》かるような社会は、おかしい」と考えたため、「バブル潰《つぶ》し」の大合唱が起きました。

そういう倫理観のようなものでバッシングが起きて、九〇年以降、日本は金《きん》融《ゆう》の引き締《し》めに入ったのです。その結果、会社がたくさん潰れ、失業者が出て、それこそ倫理に反する現象が数多く起きましたね。

九〇年代はそうでした。

二〇〇〇年代になると、小泉政権の間《あいだ》には、ＩＴ産業が流行《はや》り、緩《ゆる》やかな好景気の続く時期があったのですけれども、政治家たちには、〝怪《あや》しげなるもの〟の代表であるＩＴ産業を、いま一つ理解しえていない面もあったのではないでしょうか。

今は変わりつつありますが、当時の日本の政治家たちは、経済に関して、「ものづくり」の先にあるもののことを、あまり考えることができないような認識力だったでしょう。

当時は、「ＩＴ産業による経済成長」ということを、口では言ったり、耳では聞いたりしても、現実としては、何かバブル幻想《げんそう》のようなものに見えてしまい、ＩＴ産業による経済成長を怖《こわ》がった面はあったと思います。

このように、日本には、経済における倫理思想に、はっきりとした基準がないために、一九九〇年代と二〇〇〇年代において、二回ほど、「自分で自分の首を絞《し》めて、経済成長のチャンスを潰した」と思うのです。

そして、その背景には、「もう、成功しすぎた」という後ろめたさや、「アメリカには追いついたし、軍事的にも、島国で独立していればいい」というような、小さくまとまっていく鎖国《さこく》思想があったのではないでしょうか。そのような感じは、ちょっとありましたね。

そういうことですから、日本の問題点は、「経済の現場にいる人たちが、数字は見えても、新しい時代の理念について、それが、よいことなのか、悪いことなのか、分からない」ということだと私は思います。

例えば、先の「リーマン・ショック」は、結果的に見て、悪いこととして宣伝されていますよね。世界的な経済危機を起こし、アラン・グリーンスパンなど、いろいろな経済通の人たちでさえ、「なぜ、こうなったのか」ということが分からなかったようです。

ただ、その原因となったサブプライムローンに関して述べると、そのもともとの趣旨《しゅし》は、「貧乏人《びんぼうにん》というか、お金のあまりない人でも、家が持てるようにする」ということであり、持ち家政策を実行するための〝経済秘術〟でした。

要するに、「収入や手元資金があまりない貧乏人でも、家を建てられる」というマジックをやろうとして、それを達成できるかのごとき経済理論を、頭のいい人たちがつくったので、政治家もそれに乗ってしまい、実行したわけです。

ところが、その結果がリーマン・ショックであり、世界中に迷惑《めいわく》をかけたので、「もともとの考え方が間違《まちが》いだった」と見られているのです。

だから、「『誰《だれ》もが自分の家を持つ』という政策自体は正しかったと思うけれども、経済的には何かの倫理に触《ふ》れたらしい」という迷いが生じ、「動機における正邪《せいじゃ》の感覚と、結果における正邪の判定との連動を、どう見るか」というところが分からなくなっているんですね。

では、日本のマスコミは、どうでしょうか。彼らにも、結果を見て、すぐに、「それは悪い」というかたちで騒《さわ》ぎ立てる傾向《けいこう》があります。そのため、今、経済の行方《ゆくえ》が不透明《ふとうめい》で、見えなくなっているわけです。

一生懸命《いっしょうけんめい》、価値観を発信しているのは、宗教法人の幸福の科学だけです。幸福の科学は、「こちらが正しい」と、一生懸命、価値観を発信しています。あとは、みな、分からなくて、結果責任を問うことしか、していません。そのため、危険を回避《かいひ》しようとして、むしろ危険に陥《おちい》るようなことが、数多く起きています。

「国のあり方そのもの」を変えるおそれがある鳩山《はとやま》政権

Ａ――　今、リーマン・ショックの話もございましたが、「道徳や倫理の基準にガッチリとしたものがないのは、日本だけではなく、アメリカも同様である」ということでしょうか。

ドラッカー　そうです。一緒《いっしょ》ですね。

不思議なんですが、リーマン・ショックが起きる前、共和党は、民主党寄りに物事を判断すると、選挙で票が増えることもあって、民主党寄りの、ものの考え方や経済政策を取り入れたがっていました。

一方、民主党は、政権につくと、民主党型のやり方だけでは駄目《だめ》で、共和党的なところを入れないといけなくなったりしています。

二大政党といっても、「両極端《りょうきょくたん》の、矛盾《むじゅん》する二つの政策が、両方とも正しい」という命題は、なかなか成り立ちません。

したがって、どちらの政策が実行されるかは、「どちらが、より人気を博したか」という、投票結果だけで決まってしまいます。

しかし、「その政策が、経済的な成長につながったかどうか」という結果の判定は、必ず出ることになります。

このように、今、経済政策というものは、結果のレベルで正邪が判定されており、動機の段階、あるいは、物事を始める段階においては、正邪が分からないことが多いのです。

日本で言えば、鳩山《はとやま》政権ができると、すぐに、七割ができていた「八ッ場《やんば》ダム」の建設中止をはじめとして、「箱物行政をやめる」という方針が打ち出されましたね。

鳩山さんは、「コンクリートに対して使う金、ビルディングやダムなどの工事に使う金は悪い金で、人に対して使う金、教育の無料化や老人福祉《ふくし》、医療《いりょう》などに使う金は善《よ》い金だ」という倫理を一つ立てたんです。

これは、鳩山政権を考えるときのポイントですよ。

この倫理が正しいかどうかが、これから検証されていくんですね。ただ、日本だけでなく、アメリカもそうですが、今までの流れを見ると分かるように、動機というか、スタート点においては、経済倫理が判定できていないんです。

そして、結果が出た段階で判定され、「結果が悪ければ、全部、間違いだった」というように、さかのぼって否定されることになるんですね。

日本は、今、ある意味で、イデオロギー（思想傾向）の非常に強い政党が政権を担《にな》っていると思います。ここまで極端な政治は、かつてなかったと思いますね。政治家は、票を取るために、基本的には全方位型になるし、どこかに重点を置くにしても、多少、他のところに配慮《はいりょ》はするものなのですが、ここまで極端な政治は初めてです。

日本の民主党は、自民党がやってきたことの反対の政策、アンチ政策をやろうとしているように思われます。しかし、それは、アメリカの民主党とは違います。

アメリカでは、例えば、共和党のブッシュ大統領はイラクを攻撃《こうげき》しましたけれども、「チェンジ」を唱えて当選した、民主党のオバマ大統領は、軍事行動を、全部、否定したわけではなく、イラクからアフガニスタンへと対象をチェンジしただけですね。

オバマ大統領は、やり方を変えましたが、基本的に、アメリカの体質が大きく変わったわけではないんです。

ところが、日本の政治においては、気をつけないと、方法論のチェンジではなく、国の存立基盤《きばん》や目的、あるいは、テーゼ（方針）、イデオロギーといった、「国のあり方そのもの」がチェンジしてしまうおそれがあるわけですね。

だから、今の鳩山さんの政治は、とても怖いですね。

日本では、今、鳩山さんの経済倫理に対して、明確な批判がなされていないはずですよ。なされていますか？

A――明確に批判しているのは幸福実現党だけだと思います。

ドラッカー ああ、そうでしょうね。しかし、幸福実現党は、素人《しろうと》だと思われ、気にもとめられていないでしょうね。

3　環境《かんきょう》問題に対する考え方

Ａ――　ドラッカー先生のお話によりますと、日本の国民だけでなく、世界の人たちすべてに言えることなのですが、「政治家とマスコミの無明《むみょう》、勉強不足によって、先行きが見えない政策、間違《まちが》ったイデオロギーに基づく政策、正しい倫理《りんり》観がない政策に翻弄《ほんろう》されて、苦しんでいる」ということになろうかと思います。

そういう状況《じょうきょう》のなかで、経済人たちは、今、自分たちの経済活動の柱として、最初に何を据《す》えるべきなのでしょうか。それを教えていただければと思います。

今、共産主義に代わり、〝環境左翼《かんきょうさよく》〟が強い力を持っている

ドラッカー　今、経済の問題と絡《から》んで、同時に環境《かんきょう》問題が出てきていますよね。例えば、CO_2の排出量削減《はいしゅつりょうさくげん》の問題があります。

鳩山《はとやま》さんは、「CO_2の排出量を一九九〇年比で二十五パーセント削減する」と言っていますが、ほかの国は、九〇年を基準にするのではなく、もう少しあとの二〇〇一年などを基準にして、「何パーセント削減だ」などと言っているため、各国がばらばらな状態です。

このように、「地球に優《やさ》しい」という言葉で象徴《しょうちょう》される環境問題が、もう一つ重要になってきているんです。

日本では、先ほど言ったように、宗教がないところに、倫理、道徳を立てよ

うとしているのですが、その環境問題を、宗教の代わりに立てると、一種の〝環境左翼《さよく》〟が立ち上がってくるんです。

露骨《ろこつ》なマルクス主義は、もう、今では言いにくくなっていて、「資本主義の行き着く先には恐慌《きょうこう》が来る」という恐慌論ぐらいしか言えないんですね。これだけが、マルクスが立てた予言ではないかと思われているのです。

リーマン・ショックのあと、百年に一度の……、未曾有《みぞう》だったか、未曾有《みぞゆう》だったか、麻生《あそう》さんの意識が入ってくるので分からなくなりましたが……、ああ、「百年に一度の未曾有《みぞう》の危機」「世界大恐慌が起きる」などと言われていましたよね。

それに対し、早い段階で「起きない」と言ったのは大川隆法さんだけです。だから、幸福の科学は判断がとても早いですね。それは経済の専門家たちの言い逃《のが》れにしかすぎないことを見抜《みぬ》きました。人というものは、だいたい、言い逃れに終始するものなんですね。

環境問題については、先ほど、「コンクリートか人か」と言いましたが、コンクリート系の経済活動のなかにも、環境破壊《はかい》の面があるのかもしれません。「地球に優しい環境づくりこそが絶対の正義である」と考える立場から見れば、人類の経済活動そのものは地球に優しくなかったはずです。「アマゾンの森林を焼き払《はら》って畑に変え、農業を興《おこ》し、食糧《しょくりょう》を増やし、人口を増やし、工場をつくり……」というような活動に見られるように、経済の進展、経済の進歩の原理そのものは、決して環境にも地球にも優しくないものなのです。

そのため、今、環境論者《ろんじゃ》の考え方が、共産主義に代わるものとして、非常に強い力を持っています。

この環境論者の考え方についても、正しいかどうかの判定ができていません。「動機が純粋《じゅんすい》かどうか」ということは分かるのですけれども、「結果がどうなるか」ということが分かるのは何十年かあとになります。そのときに、「環境論者の言っていることが正しかったかどうか」ということが分かるわけですね。「地球は生き延びたけれども、人類は死に絶えた」とか（笑）、あるいは、「地球には優しかったけれども、飢《う》え死にをする人がたくさん出た」とか、「地球には優しかったけれども、自殺者がすごく増えた」とか、そういうことになるかどうかかね。このへんは、みな、倫理の問題です。

実体経済を知らない「理論だけ」の政治の危険性

結局、「経済と倫理の問題を、どう考えるか」ということの指標がないんですね。

昔から、さまざまな人たちが、新しい原理として、いろいろな思想をつくりました。例えば、ソクラテスや孔子《こうし》の思想、近代で言えば、ロックやルソー、モンテスキューの思想、また、アダム・スミスやマルクスの思想、さらに、シュンペーターやケインズの思想など、いろいろな思想が出てきて、文明実験をやってきました。

しかし、今、経済の方向性を示す、次の思想が出る必要があるんですね。

私の考えはというと、「理論だけを立てて全部を解決しようとすると、やはり、間違いを起こしやすいので、実体経済のなかに入り、それを見ながら、やっていったほうがいいのではないか」と思うんです。

実体経済の分からない政治家が、例えば、「CO_2の排出量を一九九〇年比で二十五パーセント削減する」というようなことを、あっさりと公約してしまったりするのは、かなり危険だと思いますね。

「実際、それは、どういうことを意味するのか。実際の企業《きぎょう》活動において、それは、どんなことにつながり、どんな結果になるのか」というようなことを考えながら、やっていかなくてはならないんです。

そういう意味では、理性主義が必ずしも正しいとは言えません。「倫理を絡めた経済においては、証明問題のように一定の原理があるわけではない」ということです。だから、結果において具合《ぐあい》が悪くなったら、やり方を改善しなければいけないものなんです。

鳩山さんの問題点は、「理論が先に出てくる傾向《けいこう》が非常に強い」ということですね。

「CO_2排出量《はいしゅつりょう》二十五パーセント削減《さくげん》」は日本の自殺宣言

A――　「経済問題のなかに、間違った倫理観が入ってきて、混乱させている」というお話だったと思いますが、「その部分を一つひとつ検証していき、関連産業と力を合わせて日本を変えていくような運動が、今後の日本をつくっていく上では必要だ」ということなのでしょうか。

ドラッカー　鳩山さんは、「経済の成長度が必ずしも国の幸福とは限らない。国民の幸福度を調べ、それが成長して伸《の》びていればいいのだ」というようなことを言ったりしたんでしょう？　これは、本当に危ない考えですよね。

この考えで言うと、例えば、北欧《ほくおう》型の福祉《ふくし》社会、福祉国家をつくれば、少なくとも自分が政権についている当座は、「国が何もかも面倒《めんどう》を見てくれる、素《す》晴《ば》らしい理想社会ができた」というような、幸福感の強いアンケート結果が出るはずですが、その後始末は大変ですよね。

そのあと、どうするんでしょうか。「そのあと、子孫たちは、五十パーセントを超《こ》える税金を払い続けるのかどうか」というような問題は残るわけですね。だから、政治家がよくやる、こういう「問題のすり替え」には、気をつけないと、とても危険なところがあります。彼らとしては、何年かの間《あいだ》、政権を生き延びさせることができれば、それでいいんですからね。

まあ、他人事《ひとごと》のように言ってはいけないので、私の考えも少しは述べますけれども、世界的に見て、日本は、今、復讐《ふくしゅう》に遭《あ》っていると思います。

例えば、今、アメリカでは、〝トヨタたたき〟から始まって、日本の自動車産業の締《し》め出しのようなことが行われています。

また、食の問題でも、クジラやマグロなどの捕獲《ほかく》に関して、グリーンピース系の団体が、いろいろな活動によって妨害《ぼうがい》をしています。

このように、自動車のほうで日本の輸出産業を締め出しにかかり、次に、水産資源の「食」のほうでも、日本人を、だんだんに追い詰《つ》めようとしてきていますね。

その結果、日本は何に頼《たよ》らなくてはならないかというと、牛肉など畜産《ちくさん》系のものに頼らなければならなくなります。それは、結果的に、「アメリカ等からの輸入を増やせ」ということになるのだろうと思うんです。

そういう効果的な戦略が、裏では動いていると思います。

アメリカの政治家は、そういう陰謀《いんぼう》体質を、しっかりと持っていますけれども、日本の政治家は、ばらばらで、談合《だんごう》しかしていません。日本には、そのような戦略を考える人がほとんどいないので、非常に危険だと思いますね。日本は、気をつけないと、本当に没落《ぼつらく》への道を歩むことになるでしょう。

鳩山さんは、「何がどう回って、こうなっているかが、分かっていないのだ」と思いますね。だから、今、この国の舵取《かじと》りは、たいへん危険な状態にあります。

私は、日本という国がとても好きなので、日本が十分に理解されていなかったり、文化的な異質論が出てきたりして、日本たたき、日本排除《はいじょ》の流れが世界的に起きてくることを、今、とても心配しています。それに日本人の縮み思考が重なってくるので、危険ですね。

鳩山さんの、「CO_2の排出量《はいしゅつりょう》を、先進国に先駆《さきが》けて、二十五パーセント、カットする」という発言は、日本の自殺宣言であることは間違いないでしょうね。

民主党は、経団連から政治献金《けんきん》などを受けていなかったので、「経団連には何の義理もない。経団連が政治資金の寄付をやめたら、自民党が弱るだけだ」というぐらいにしか思っていないのでしょう。

経済議論も、そうした政争《せいそう》の具《ぐ》として使われているのではないかと思いますね。

A――　多角的な観点からお話しいただき、ありがとうございました。今回、ドラッカー先生から教えていただきましたことを、精進の柱とさせていただきまして、頑張《がんば》ってまいります。

それでは、私からの質問は終わらせていただき、質問者を交替《こうたい》させていただきます。

ドラッカー　あなたが私と一時間ぐらい話をしたいのは、よく分かってはいるのですが、大して話をさせてあげられなくて、すみません。また機会があるといいですね。

A――　はい。ありがとうございました。

4　日本の左翼的風潮《さよくてき》への警鐘《けいしょう》

B――　ドラッカー先生、このたびは貴重な機会を賜《たまわ》り、本当にありがとうございます。私は宗教法人幸福の科学の○○と申します。よろしくお願い申し上げます。

冒頭《ぼうとう》で、「ドラッカー先生には、精舎《しょうじゃ》研修でのご指導を賜っている」というお話がございましたけれども、当会全体の運営につきましても、二十年近く、ご指導を賜っております。心より感謝申し上げます。

では、質問をさせていただきます。

先ほど、「経済倫理《りんり》」というお話がありました。

世界的には、「資本主義」対「共産主義」、あるいは、「資本主義」対「社会主義」という対立の結果については、「ベルリンの壁《かべ》の崩壊《ほうかい》」以降、明確になってきています。

しかし、この日本においては、そうしたことが、まだ人々の間《あいだ》で明確に意識されるには至っていません。

そのため、今、「格差社会」という言葉が流行《はや》ったり、『蟹工船《かにこうせん》』という書物がまた流行ったり、そうした流れが出てきています。

大川隆法総裁は、『危機に立つ日本』（幸福の科学出版刊）というご著書のなかで、ドラッカー先生について、次のように言及《げんきゅう》されています。

「ドラッカーは、ヒトラーの台頭に対して、いち早く警鐘《けいしょう》を鳴らした。

そして、その後、『全体主義の台頭を再び起こさないためには、どのような社会を築いていくべきか』ということを考え、全体主義を防ぐシステム的な方法として、『マネジメント』という世界を開いた。企業《きぎょう》を育て、企業に力を持たせることによって、個人と国家の間に一種の防波堤《ぼうはてい》をつくることを考えた」

このように教えていただいております。

その意味で、ドラッカー先生より、〝心情左翼《しんじょうさよく》〟の人たち、あるいは、「社会主義的な政策のほうがいいのではないか」と、何となく思ってしまうような人たちに対して、目から鱗《うろこ》が落ちるようなお言葉をいただければ幸いです。

また、企業人、ビジネスマンに対しては、その使命感を鼓舞《こぶ》するようなお言葉をいただければと存じます。

よろしくお願いいたします。

企業《きぎょう》が国家に挑戦《ちょうせん》する時代が来た

ドラッカー　まあ、聴《き》いている方々が分からないかもしれないから、今、あなたが言及されたことを、別なたとえで言いましょう。

例えば、「中国とアメリカとが、意見が合わず、国同士で戦争をする」というようなことが古典的なパターンですよね。国としての方針が対立して、ぶつかり、戦争になる。これは古典的な対立です。

ところが、最近は、グーグルという、インターネットの検索《けんさく》サービスの会社があり、そのグーグルが、検閲《けんえつ》をめぐって中国とけんかをし、「中国から撤退《てったい》する」と言っていますね。

今は、企業《きぎょう》と国家とがけんかをする時代です。これはアメリカと中国の戦争ではないんですね。

企業であるグーグルが、「中国では仕事にならない。これだけ規制が多く、検閲までされる体制のなかでは、グーグルとしての企業活動はできない」と言って、中国が全体主義国家であることを告発し、政治体制を変えるように迫《せま》っているわけです。

それは、「グーグルを使いたければ、この政治体制を壊《こわ》して、変えるべきだ。もっと民主的で、言論の自由のある社会につくり変えなければ、グーグルを使うことは相成《あいな》らんし、あなたがたとは付き合わないぞ」ということです。

しかし、実際のところ、中国では、コンピュータがかなり普及《ふきゅう》しているので、中国の国民は、グーグルとの関係を引き裂《さ》かれると困りますね。

ところが、中国政府のほうは、国家にとって具合《ぐあい》の悪い情報が流れないように、国営テレビにも新聞にも、全部、統制をかけているのです。そのため、いろいろなところから検索をかけられ、自由に情報を取られたら、政府などのやっていることが、すべて知られてしまうわけです。

中国国内では、例えば、どこかを政治的に占領《せんりょう》したりしていても、善行《ぜんこう》ばかりやったように報道されています。

だから、「言論の自由の前に、情報取得の自由が必要である。それがなければ、言論の自由もない」ということですね。

情報を集める自由があり、それに基づいて、多様な言論が展開されます。情報を与《あた》えられずに言論の自由を与えられても、一つの情報しかなければ、それ以外には言うことがありません。これが、今の北朝鮮《きたちょうせん》や中国が持っている問題ですね。

今までは、例えば、「ダライ・ラマがアメリカ大統領と会った」という出来事があると、無視して握《にぎ》り潰《つぶ》すか、単にアメリカ政府に抗議して済ませていましたよね。

そのように、自由というものを長々と抑《おさ》え込《こ》んでいたのですが、今度は、企業が国家に対して挑戦してくる時代になったのです。

これは、当然、予想されていた事態です。

企業が独裁国家出現の防波堤《ぼうはてい》になる

まあ、グーグルが国家とぶつかるとは思っていませんでしたけれども、ウィンドウズを広げ、世界標準とした、ビル・ゲイツのマイクロソフトのような会社では、当然、起きる事態だと、私は思っていましたよ。

なぜなら、ウィンドウズが使えなくなったら、〝ウィンドウズ帝国《ていこく》〟から排《はい》除《じょ》されるのと同じだからです。麻薬《まやく》ではないけれども、ウィンドウズを使い始めると、それをやめることができなくなります。

そのため、「企業対国家の戦いが必ず始まる」と、私は思っていたのです。「企業が、実は、独裁国家出現の防波堤《ぼうはてい》になる」ということは、ずっと昔に私が予言したことですし、第二次世界大戦後、そうなるようにと努力したことでもありますが、今、それが現実に起きつつありますね。

また、「マクドナルドが流行っている国同士では戦争が起きない」という、いい意味でのジンクスもあります。「マクドナルドが店を開《ひら》けるような国であれば、だいたい価値観が似てくるので、大丈夫《だいじょうぶ》だ」ということですね。

そのように、企業がグローバル化してきて、世界各地で仕事を始めたときには、「同じレベルで仕事ができるかどうか」ということのチェックが必ず働きます。そういうチェックによって異常性が判定されるので、国同士の戦争が起きなくても、企業のレベルで、あるいは企業のユーザーのレベルで、国家のあり方を見直すことができます。

これが、私が掲《かか》げた一つの希望なんですよ。

企業は、小さければ国家に統制されますけれども、一定の規模になると、潰すに潰せなくなります。また、「国の枠《わく》を超《こ》えてグローバルに発展した企業の場合、その国の統制の下《もと》に動くのか、あるいは、本社の意見の下に全世界的に動くのか」という問題が発生し、縦の軸《じく》と横の軸の二つが交じり合ってきます。

これが十分な防波堤になるだろうと思ったんですね。

政治の不完全な部分を企業が補完する

私の経営学の基本は、「とにかく、企業の使命は、顧客《こきゃく》の獲得《かくとく》であり、顧客の創造である」ということです。これは、私の著書である『マネジメント』に書いてあります。

「顧客の創造」とは、「この世の人々のニーズを発見し、育てる」ということだけれども、これをアンチテーゼのように言うとすれば、「政府が国民を見殺しにしている、あるいは見捨てている、そのような国家の場合には、必ず、企業が国民のニーズを発見して、埋《う》め合わせをしようとするだろう」ということですよ。

要するに、政府が外《はず》しやすい機能、政府が除外しやすい機能のところで、経済活動ができる分野や、国民のニーズのあるところには、企業が入り込んで活動します。「企業は、必要とされるもののあるところには必ず入り込んでいくので、政治の不完全な部分を企業が必ず補完するだろう」と、私は予想しておりました。

だから、企業は、顧客創造活動を行うかぎり、国民が不便に思うところ、不自由を感じているところ、政治が一定のイデオロギーを持って排除しているようなところに、必ず、埋め合わせに入ってくるんですね。

このように、企業のマネジメントを支援《しえん》するための、私の考え方自体は、単に、資本主義だとか利益主義だとか、そういう立場のものではなくて、それ自体が、ある意味で、共産主義的なユートピア社会へのアンチテーゼとなっているのです。

「企業は、それぞれの人の幸福の具体化に寄与《きよ》すべきであり、そのために、各企業は、切磋琢磨《せっさたくま》し合って、より良いサービスが提供できる状態をつくり出していかなくてはならない。そのことが、全体主義的な一元管理の行われる統制国家の台頭を防ぐには非常に有効だ」ということです。

例えば、今、鳩山《はとやま》さんが言う、「コンクリートから人へ」というような考え方は、明らかに全体主義的な発想なんですね。それは、「コンクリート」にかかわる産業、いわゆる箱物にかかわる産業のすべてに、国が統制をかけてしまい、鳩山さんが好きなところにだけ資金が行き渡《わた》る」というような経済活動です。

これに対しては、やはり、民間のほうが、自主的な企業努力によって、発展・繁栄《はんえい》への道を切り拓《ひら》かなければなりません。国民に、ニーズや希望、あるいは職業の自由があるかぎり、企業は、何らかのかたちで、そうした統制を切り抜《ぬ》けて、生き延びなければならないわけです。

国家の保護がなくても生き延びられる企業にならなければいけないんですね。「国家が保護しなければ生き延びられない企業や産業がある」ということは、「経済が統制下にある」ということです。そういう企業や産業を増やしたいと思うのが政治家の本能ではあります。しかし、「統制下で保護された企業や産業は、そのあと必ず駄目《だめ》になる」という傾向《けいこう》があります。

だから、まあ、一つの戦いだとは思いますけれども、私は、そういう、政治の統制から外されている分野の方々にも、どうか頑張《がんば》っていただきたいと思います。

「人や環境《かんきょう》などに優しい政治をやっている」と思っている人たちが、産業を駄目にしていくところがあるのです。

例えば、教育の無償化《むしょうか》が進んでいるようですけれども、これについて、塾《じゅく》や予備校は大喜びをしていると思いますよ。彼らに対するニーズが、もっともっと増えてくるので、売り上げが増大することを予想していると思います。その結果、国民の支出は、おそらく増えるでしょうね。

さらに、いちばんの問題は何でしょうか。

「塾や予備校に多大の時間を使わなければいけない」ということは、「教育の本体である学校教育のなかで、人生における、十年、二十年という単位の、非常に膨大《ぼうだい》な時間が、死骸《しがい》の山になっているかもしれない」ということを意味している。これに耐《た》えられるかどうかということです。

そういうことが言えると思いますね。

質問は何でしたでしょうか。

「貧しさの平等」の実現ではなく、全体の生活レベルを上げよ

B――　はい。日本の心情左翼的な風潮に対して、「それではいけない」ということを、明確に、ご教示いただければと存じます。

ドラッカー　それは、もう、貧乏《びんぼう》であれば、そうなるのです。

例えば、戦後の荒廃期《こうはいき》であれば、みな、貧しくて、食べる物がないので、そのときに、一家で、すき焼きをついて食べている家があったら、周りの人たちは、それがうらやましくて、「許せない。あの家は、毎週、すき焼きを食べている。悔しい、悔しい」という感情が湧《わ》きますね。そういうことですよ。

しかし、自分の家でも、すき焼きを食べられるようになったら、そういう思

いは出なくなります。だから、心情左翼を直すためには、「自分たちもすき焼きを食べられるような生活レベルに上げる」という方法が一つあるわけです。もう一つは、「すき焼きを食べては相成《あいな》らない」という統制をかけるやり方です。

この二つの方法があるわけですね。

「ほとんどの人たちがすき焼きを食べられない時代に、一部の人だけがすき焼きを食べるのはけしからんから、すき焼きを食べてはいけない」という法律をつくれば、誰《だれ》もが平等になるでしょう？　これが一つです。

また、「うちは、初めから毎週は食べられなくとも、一カ月に一回は食べられるようになりたい。そして、だんだん、毎週一回、食べられるようにしていきたい」と思い、それに向けて努力すれば、実際にそうなっていく。このような社会をつくる方法が一つですね。

　では、すき焼きが食べられる日を、毎月一回から毎週一回にするには、どうしたらいいかというと、パパの収入が上がっていけばいいわけです。企業の繁栄があって、雇用《こよう》が生まれ、給料が増えていけば、そうなるわけですね。

　これは、「どちらの社会が好ましいと思うか」という踏《ふ》み絵です。

　北朝鮮《きたちょうせん》であれば、今のところ、経済的発展の見込みが全然ありませんので、やることは、もう決まっています。すき焼きを食べた人を銃殺《じゅうさつ》にしてしまえばいいわけですよ。

「あの家は、本来なら牛肉が手に入るはずがないのに、すき焼きを食べた。何か悪いことをしているに違《ちが》いない」というように密告をさせる。それに基づいて、その家族を連れ出し、五家族ぐらいでも公開の場で銃殺にすれば、誰も、すき焼きを食べなくなります。

そして、「これで、誰もが平等になった。ユートピアが出現した」というように宣伝することは可能です。

しかし、それは幸福な世界ではありませんね。こういうやり方よりは、やはり、誰もがすき焼きを食べられるような国づくりをしなければいけないんです。だから、企業の活動によって、国際的なチェックが働くのは、いいことなので す。

例えば、マクドナルド、マックは世界に広がっていますが、北朝鮮に店を出しても、商売にならなかったら、当然、撤退しますね。店を閉めます。

北朝鮮の国民のほうは、マックの商品を食べたいのに、店を閉められてしまったら、困りますね。マックのものを食べられるようにしてほしいでしょう。

また、マックのものを食べたくても、収入が少ないから買えない。そのため、「収入がもっと欲しい」という欲が出て、政治家への不満が生じてくる。「なぜ、国家の予算の大部分を軍事予算に充《あ》てるのか。まだ起きてもいない戦争に備え、多額の軍事予算を使っているために、われわれの所得は増えないのだ」という不満が生じるようになります。

だから、個人と国家の間に企業原理が介在《かいざい》し、国際的なチェックが働くことによって、その国の政治の成熟度、あるいは、「その国が統制経済下にあるかどうか」ということが、実によく分かるのです。これをやらなければいけません。

日本には統制経済や補助金を好む傾向《けいこう》がある

日本にも、統制経済を割に好む傾向《けいこう》が、もともとあります。一九四〇年体制というか、戦時中に敷《し》かれた統制経済の考え方が、戦後もかなり残っていて、いろいろなことを一律に決めたがる気《け》はありますね。〝チップ経済〟が発達していないのも、そのためでしょう。

例えば、タクシー料金なども、地域ごとに、ほぼ一律に決められていますね。しかし、こういう料金は、本来、ある程度、自由にするべきです。飛行機や新幹線、車など、他の代替《だいたい》手段があるので、適正な値段は競争で決まってきます。だから、あまり公共料金風に決めないほうがよいものなんですね。

もちろん、「詐欺《さぎ》のように多額の料金を取るタクシーがあってはいけないので、料金の上限は、どうしても必要である」という考えもあるとは思います。ただ、そうであったとしても、サービスの違いによって料金に差がつかないのは、やはりおかしいでしょう。チップ経済のある国では、そこで差がつくんですよ。

どのタクシー会社で仕事をしても、同じような料金しかもらえないのであれば、運転手も、やはり、本当は働きがいがないでしょう。彼らも、社名をできるだけ宣伝して、客を取ろうと努力はしているけれども、かわいそうといえば、かわいそうですね。

このように、日本には、まだ統制経済が残っています。

ところが、アメリカのように、チップの習慣があって、「運転がうまくて目的地に早く着いたら、料金の二十パーセントぐらいのチップをもらえる」とか、

「普通は十パーセントぐらいチップをもらえる」とか、「運転が乱暴であればチップはもらえない」とか、そういうことにすれば、収入の面では明らかに差が出るわけです。

まあ、このへんについては、日本にも、よい点はあるのです。「チップをもらわなくとも、よいサービスをする」ということが徹底《てってい》されていれば、それは立派なことだし、企業倫理も高いとは思います。

しかし、差が出ない経済は、あまりよくないんですね。

私たち欧米人《おうべいじん》は、日本のホテルに泊《と》まったときには、枕元《まくらもと》にチップは置きません。もしチップを置いたとして、外出先から帰ったときに、その枕銭《まくらぜに》がそのまま残っているのを見たら、ぞっとするでしょうね。

「え？　このお金、持っていかなかったの？　日本は、なんて聖人君子の国なんだろう。アメリカだったら、財布《さいふ》のなかのものでも取っていく人がたくさんいるのに、枕元にお金があっても、取らずに掃除《そうじ》だけして帰るなんて、どんな聖人君子を雇っているのか」と思って、びっくりしてしまうわけです。

ただ、日本では、企業の倫理を高め、企業の人気を上げることで、あるいは、顧客満足を高めることで、従業員の給料に反映させるようにしているので、「日本人は、非常に我慢《がまん》強い国民であるな」とは思います。

だから、「みな一律に」という考え方も、いいほうに働くのならよろしいのですが、そのためには、やはり、国民一人ひとりに向上心がなければ駄目でしょう。

日本のなかで、統制経済が残っている部分については、一度、チェックしたほうがいいと思いますね。

日本は、「橋ができて、バス路線が通ったら、フェリーに乗る人がいなくなるので、フェリーの会社に補助金を出す」というような、非常に〝優しい〟経済政策をとっていますけれども、一般《いっぱん》原理から見たら、道路が通り、車が走れば、フェリー業界は潰れ、そこで働いていた人たちは、ほかの職業に転職するのが普通です。

しかし、日本では、そのような業界を潰さないために、補助金を出したりします。こういう政策をとっていることも、財政赤字の原因には必ずなっているでしょう。

日本の経済政策には、「妙《みょう》に優しいが、ある意味では、妙にドライである」という、不思議なところがありますね。

B——　はい。「自由主義の護《まも》り手」という、企業の使命について、分かりやすいお言葉で教えていただき、本当にありがとうございました。

5　非営利組織の役割とは

B――　もう一つ質問させていただきます。

政府が行《おこな》っている、さまざまなことが、国民のニーズに対応していないところに関しては、NPO《エヌピーオー》（ノンプロフィット・オーガニゼイション〔non-profit organization〕）と呼ばれる非営利組織の果たすべき役割にも、大きいものがあろうかと思います。

現に、アメリカにおいては、この非営利組織が非常に発達しており、ドラッカー先生も、ご生前、自ら財団をつくられて、その発展に寄与《きよ》されたと伺《うかが》っております。

未来社会において、この非営利組織の果たすべき役割とは何でしょうか。そして、そのなかでも、特に、私どものような宗教団体の果たすべき役割についても、併《あわ》せてお伺いできればと思います。よろしくお願いいたします。

政府経済と企業《きぎょう》経済の中間のものがありうる

ドラッカー　先ほどの話で言えば、統制経済型になりやすい政府経済があり、それとは違《ちが》う企業経済があるわけですが、この二つの中間のものが、やはりありうるのです。

それは絶対に必要なものなのですけれども、公的な領域なので、一般《いっぱん》の民間企業は入りにくいのです。そうかといって、政府に任せておくと手を抜《ぬ》かれやすく、また、政府では小回りが利《き》かないところなどもあるわけです。そういう、企業や政府がかかわることのできない領域があるのです。

例えば、「自殺者が増えていることを、どうするか」という問題があります。これについては、政治の場で議論はなされていると思いますが、「自殺者を減らそう」というキャンペーンを、味《あじ》の素《もと》がやるとか、キリンビールがやるとか、そういうことは、どう考えても少しおかしい感じがしますよね。

それは政府がやるべきことかとは思うけれども、政府としては、それを、どのようなかたちで、やればよいのでしょうか。

政府は、巨大《きょだい》すぎて動きが十分にとれないし、「自殺者を減らそう」というお触《ふ》れのようなものを一律に出すことも難しいのです。

これは、やはり、NPOの仕事ですね。まずは、宗教などをベースにしたN

ＰＯが活動して、リサーチをし、「こういうやり方や、こういう仕組みが、よろしい」というスキーム（枠組《わくぐ》み）を、ある程度、つくった段階で、国なり地方公共団体なりが乗り出してきて、仕事を固める。そのようなやり方がいいと思うのです。

そういう活動は、本来、政治の仕事ではあるけれども、政治が行き届いていないところについては、やはり、民間団体が自主的に活動を開始して、「それが必要だ」ということを政府に教えなくてはなりません。「ある程度、かたちをつくった上で、政府に働きかけ、政府にもやらせる」というのも一つの方法です。

ただ、あまり政府にやらせようとしすぎると、税金をたくさん取られてしまいますし、その税金が、本当にそれに使われるかどうか、分からないところがあるので、気をつけなければいけません。

例えば、「福祉《ふくし》目的税」という名目で税金を取られても、本当は何に使われているか分かりません。他の目的に使われてしまったら意味がないですね。

したがって、「自分たちで、ある程度、お金を集め、ＮＰＯ的な活動をやっていく人たちがいる」ということも、国民にとっては、ある意味で、ありがたいことですし、その活動が公益に資するものであれば、非課税扱《あつか》いをされてもいいと思うのです。

その意味で、ＮＰＯの活動が活発化していくのであれば、増税路線をとる必要はなく、税金は少なくて済むと思います。

国家にすべてを委《ゆだ》ねるスタイルは危険

ところが、政府が、個々人の幸福にかかわるような福利厚生政策等に、あまり力を入れすぎると、大きな間違いが起きやすいのです。政府が行う場合、やはり、全国一律型のものになりやすいので、財政的に巨大な無駄《むだ》や損失が発生しやすいと思います。

企業的なものでいけば、収入を十分に保障すること自体が福利厚生になりますし、それから、もちろん、退職金を支給したり、高齢者《こうれいしゃ》を雇用《こよう》する機会をつくったりすることも福利厚生になりますが、ＮＰＯ活動として、そこを埋《う》めていくことも可能です。

国家にすべてを委《ゆだ》ねるスタイルは危険だと、私は思いますね。

二宮尊徳《にのみやそんとく》さんか誰《だれ》かも霊言《れいげん》でおっしゃっていたと聞きましたけれども（『富国創造論』〔幸福の科学出版刊〕参照）、「定年退職し、給料のない状態で、すべての身柄《みがら》を国家に預ける」ということは非常に危険だと思います。

そうなると、全員が病院に入れられようとも、あるいは、全員がガス室に入れられようとも、もはや、どうすることもできません。個人に収入があれば選《せん》択《たく》の余地はありますが、収入のない状態で国家に支配されると、逃《に》げようがないですね。

これについては、「企業が護《まも》る」という方法が一つありますが、もう一つ、「家族が護る」という方法もあると思いますよ。やはり、家族・親族の絆《きずな》も捨てられません。最後は、そちらに頼《たよ》ることも考えないといけないでしょう。

「国家が全部の面倒《めんどう》を見る」というような社会は、かつての社会主義の理想そのものなんですよ。

「揺《ゆ》りかごから墓場まで、面倒を見る」という福祉政策は、とてもいいもののように見えるけれども、その結果、人に面倒を見てもらおうとする人が増えてくるので、国家財政が赤字になって、結局は、先ほど言ったように、全員がすき焼きを食べられないような方向に行きやすいわけですね。

「年を取っても元気だ」ということは、祝福されるべき美徳であったのに、これからは、それが嫌《いや》がられる時代に入ります。恐《おそ》るべきことです。

北朝鮮《きたちょうせん》レベルの乱暴な国では、下手をすれば、一定の年齢になると殺されるおそれが出てきています。収入を生まず、お荷物になっている人たちは、姥捨《うばす》て山の話のように殺されてしまう可能性があるので、とても怖《こわ》いのです。一生懸命《いっしょうけんめい》、「自分は老人ではない」という証明をしなければいけなくなるでしょうね。

そのときに、どうするかということですけれども、核家族化《かくかぞくか》が進み、家族が護ってくれなくなって、老後の収入がない場合は、世代間を超《こ》えた「クロス結《けっ》婚《こん》」が始まる可能性はあります。これは、実際に、ある民族では行われていることなのです。結婚する男女の年齢が大きく違っているんですね。

まず、若い女性が、一定の収入も財産もあるが、かなり年齢が離《はな》れた年上の男性と結婚する。その夫婦は、結婚している間、豊かに暮らせる。ただ、年齢から見て、男性は、いずれ女性より先に死ぬ。

男性が死んだとき、その女性は、ある程度の財産も社会的キャリアも持っている状況《じょうきょう》であり、今度は、収入がまだあまりない若い男性と結婚する。そして、自分のほうに収入などがなくなっても、そのころには、若い男性が経済力をつけており、女性の老後を養ってくれる。

その若い男性は、壮年《そうねん》になったときには、社会的地位と収入が上がっている。そのころには、年上の妻が死ぬので、若い女性と結婚する。若い妻は、先妻と同じことを繰《く》り返す。

このようなことをやっている部族がありますけれども、そういうことが行われる時代が来ることも、ありうるかもしれません。夫婦の片方だけが生きていて、収入がないと、やはり、とても危険であり、政府によって殺されるおそれがあるので、そのような時代になることも、ないとは言えませんね。

もう年金で生きていける時代ではない

あとは、家族の絆の問題もあるとは思います。

日本では、何ですか、離婚したら、夫の年金を分割して、妻も年金を受け取れる制度ができたようですが、「その制度が始まる前には離婚が減り、その制度が始まってからあとは離婚が増えた」というような話を聞くと、何か、とても物悲しい感じがしますね。

もう年金なんかで生きていける時代ではないと思うので、やはり、収入のあり方を、別途《べっと》、考えなければいけないでしょうね。

そういう、個人に行き渡《わた》るような福祉政策になると、国家のレベルでできることは、やはり、必要最小限のところかと思うのです。それ以外のサービスについては、やはり差が出てくるはずなので、それについては、個人の人生設計と大きく絡《から》んでくるでしょう。私は、そう思います。

実際、病気もせず健康に生きて死んだ人の掛《か》け金を、働きもしなかったり、病気のままだったりする人がもらって生活するようなシステムは、一見、いいようで、実は、よくないところがあるのです。健康で一生を過ごし、病気もしなかったような人は、そういう金がなくても、十分に自衛できたわけですからね。

そういう政策は、やはり、一種の社会主義政策ではあると思います。だから、考え直さないといけないのではないでしょうか。

「老後を全部、国家に管理される社会は怖い」ということは、私も言っておきたいと思います。

これは、いいことばかりではありません。財政赤字になると、殺されますよ。本当に殺されてしまいますから、気をつけたほうがいいと思います。

最後は放り出しますから。必ず、そうなるのです。税金を生まない人たちは、最後には見捨てられる運命にあるので、国家にあまり頼ってはいけないと思いますね。

B――　はい。貴重なご教示を賜《たまわ》り、本当にありがとうございました。

6　二十一世紀の新しい企業家《きぎょうか》像

C――　ドラッカー先生、本日は、ご降臨くださり、本当にありがとうございます。私は、ドラッカー先生に、日々、ご指導をいただいております精舎《しょうじゃ》のほうの責任者です。よろしくお願いいたします。

私は、少し各論に入らせていただきたいと思います。

私たちは、この二十一世紀において、日本から、数多くの偉大《いだい》な経営者を生み出していきたいと思っております。

その意味で、ドラッカー先生がお考えになっていらっしゃる、二十一世紀に通用するような、新しい企業家像《きぎょうか》を教えていただければと存じます。よろしくお願いいたします。

秀才《しゅうさい》は毎年つくれるが、天才は大量には養成できない

ドラッカー　まあ、「幸福の科学学園で天才教育をする」という話を、私は、昨日《きのう》、霊言《れいげん》の収録中に聞いていました。

昨日は「ドラッカーの霊言」の予定だったのですが、そちらに変えられたので［注］、私は、しかたなく、指をくわえて見ていました。太古の霊が呼ばれ、霊言の収録をしておられたのですが、「現代のことを言う人も要《い》るのではないか」と思って、私は、今日《きょう》、無理やり出てきたのです。

一万年前、二万年前の過去のことを、いくら語られても、よく分からないし、

「現代のことを言う人が救世主ではないか」と私は思うので、出てきたのです。まあ、ちょっと人の悪口のようになってはいけないのですが、一日だけ外されました。

それで、「天才教育をする」ということは、まことに結構なことではありません。ただ、天才は大量には養成できないところが、天才の天才たるゆえんなのです。

一部、天才が確かにいることは認めますよ。だから、天才は出てきますが、天才は大量には養成できないのです。また、毎年のように上手につくっていこうとしても、そう簡単にはいきません。

しかし、「秀才《しゅうさい》ならつくれる」というのが教育界の実績です。「同じレベルくらいの秀才までなら、毎年、つくることはできる」ということです。

私は、先ほどの平等思想についても、いちおう考慮《こうりょ》していないわけではないのです。私の基本的な考え方は、「誰《だれ》かが天才的に活躍《かつやく》して、その人だけが大《おお》儲《もう》けをすれば、それでいい」というものではありません。

そういうことではなくて、「さすがに、平凡《へいぼん》とまでは言えないかもしれないが、一定以上の才能があって、努力した人であるならば、誰もが、ある程度の経済的成功、あるいは企業的な成功ができるようなシステムを開発することが、やはり、最大多数の最大幸福につながっていき、民主主義的繁栄《はんえい》と一体化するだろう」と思っているんですね。

確かに、天才は現代にもいると思います。ビル・ゲイツだって天才だろうし、アップルのスティーブ・ジョブズだって天才だろうし、野球選手で言えば、松《まつ》井《い》やイチローだって天才だろうと思います。

あなたがたが努力しても、たぶん、彼らのようにはなれないでしょう。

しかし、天才が天才である理由は、「それほど数を出せない」ということなのです。

そういう人を、毎年、大量に出せるのであれば、そういう人たちは、みな、平凡化していってしまいます。

彼らが、今、年収として稼《かせ》いでいる額が、例えば十億円であったとしても、そうした天才を、毎年、百人つくれるのであれば、その十億円が一千万円にまで下がっていくのは間違いないでしょうね。

プロ野球に見る「マネジメントの思想」

そういう天才は、才能と個人的な努力があれば出ます。

しかし、天才に頼《たよ》るのではなく、野球で言う「全員野球」「管理野球」のように、一定レベルの運動能力を持っている人たちが、上手に練習を積み重ねることによって、チーム力で勝っていけるようなシステムをつくることが、ドラッカー流なのです。

高校野球においては、「天才的な投手の右腕《みぎうで》一本に頼って、甲子園《こうしえん》で優勝する」ということもあるとは思いますが、プロ野球の世界では、やはり、そうはいかなくて、どんな天才投手であっても、毎日毎日、投げていたら、腕がおかしくなってしまいますから、いろいろな投手を組み合わせて試合をします。

今のプロ野球では、交替《こうたい》用の投手を何人も持っています。オーバースロー、アンダースロー、サイドスローという、投げ方の違いもあれば、直球型、変化球型という違いもあるし、先発型、ストッパー型という違いもあって、いろいろな投手がいますよね。そのような投手を組み合わせて、成果をあげていくのが、「マネジメントの思想」なのです。

例えば、ストッパー役で、七回か八回から、あるいは九回にだけ出てくるような投手がいます。集中力が一イニングぐらいしかもたず、九回だけにしか通用しない人は、そのようになることもあります。

また、九回ツーアウトのときに、最後のスリーアウト目を取るのは緊張《きんちょう》するものなので、そのときのためだけの投手だっています。それも、プロ野球では成り立つのです。

こういう投手は、三球三振《しん》を取った場合、三球で一日の仕事が終わるわけですけれども、その前に投げていた投手に疲れがたまっていたりすると、最後になって打たれることもあるので、「最後の打者を打ち取る」ということだけでも、プロとしては成立するのですね。

では、その人を先発させたらどうかというと、九回を投げ抜《ぬ》くだけの力、百何十球も投げる力は、たぶんないでしょう。

要するに、「百何十球も投げて、あまり打たれないようにすることはできないけれども、ほんの数球だけ相手と真剣《しんけん》勝負をし、全力で投げ切って打ち取る才能ならある」という人はいるわけですね。

先発型で、七回ぐらいまで長く投げられる人のほうが、才能的には、たぶん高いのだろうとは思います。しかし、プロ野球という目で見ると、「一人の打者だけを打ち取る」「左打ちの四番バッターだけを打ち取る」などということだけであっても、十分な仕事になるわけです。

だから、私たちは、「全面的な能力、オールマイティな能力のある人や、ある分野について、ものすごく何でもできる人を数多くつくる」ということよりは、「各人が、それぞれの才能のなかで、一定以上の成果をあげ、トータルで実績をあげられるような社会をつくりたい」と考えているのです。

「平均的な人」や「平均以下の人」にも成果をあげさせる

企業経営においても、決して、そう悲観することはありません。「一定の才能があり、努力を重ねた人を、できれば、百人や二百人程度の会社の経営ぐらいはできるレベルにしたい」というのが私の考えですし、「いわゆる平凡な人、あるいは平均的な人を、どう使うか」ということも、大企業にとっては非常に大事なことなのです。

何千人、何万人もの社員がいる大会社であっても、天才がそれほど数多くいることはありえないし、「そのなかにいる」ということ自体が、もう、「天才ではありえない」ということになりますね。

その場合には、「平均的な人を、どう働かせて、その人に給料以上の成果をあげてもらうか」ということも大事な仕事なのです。特別できる人に英才教育をして、もっとできるようにすることも大事ですけれども、普通《ふつう》の人に仕事の仕方をよく教えて、いい仕事ができるようにすることも、企業を大きくする意味では大事なことなんですね。

そのための方法としては、「普通の人に向けて、きちんとトレーニングシステムやマニュアルをつくる」ということがあります。

あるいは、今、ホテルなどでは「クレド（信条・理念）」と言っていますけれども、その企業の精神のようなものを社員に共有させてから仕事をさせることで、顧客《こきゃく》の信用を上げ、社員たちの収入まで上げられるようにする方法もあります。

もう一つ大切なことは、平均以下の人たちも、それぞれ何らかの役割を上手に果たせるようにすること、そういう人たちを使い切ることです。これのできる企業が優《すぐ》れているんですね。

こういう平均以下の人でも使えるように努力していけば、次には、例えば、障害者等の雇用《こよう》を上手にマネジメントできる企業もできてくるわけです。そうなれば、障害者等の雇用も可能になります。

「高齢《こうれい》マネジメント」の発明を

また、今の高齢者《こうれいしゃ》には、七十歳《さい》を超《こ》えて、八十歳以上の人であっても、働ける人は、いることはいるので、「そういう人たちを、どのように、うまく使うか」というマネジメントはありうるし、そういう「高齢マネジメント」を発明しないと、今後の社会は幸福にならないんですよ。

私は九十五歳ぐらいで亡くなりました。まあ、最後は、さすがに少し人気がなくなって、あまり客が来なくなりましたが、八十代ぐらいのときでしたら、やはり、大学で授業をしても、まだまだ人気はあったし、企業へのアドバイスを求めて、相談に来る人もたくさんいました。

このように、私は、八十代でも仕事をしていましたし、九十代のときにも、まあ、以前より減りはしましたけれども、少しは仕事をしていましたので、「九十五歳ぐらいまで現役で働くことは可能である」と考えています。

そして、「八十代ぐらいでも、まだ大学の教壇《きょうだん》に立てる」ということを実証した、そのもとにあるものは何かというと、やはり、「知識がある」ということです。

私は、「知識のベースがあれば、年を取っても仕事は可能である」ということを実証した一人だと思うのです。

私の場合は、そういう「知識ベースのマネジメント」かもしれませんが、先に霊言が出た松下幸之助《まつしたこうのすけ》さんなどは、「経験ベースのマネジメント」ですね。

経験というものを教訓に変え、それを語り尽《つ》くせば、やはり、年齢が高い人、長く生きた人ほど、経験をたくさん持っているので、教えることが増えてきます。

経験か知識か、そのどちらかをベースにした職業のクリエイション（創造）に成功すれば、高齢者マーケットは開けますね。

天才教育が陥《おちい》りやすい罠《わな》とは

あなたがたの宗教が、今、精舎で経営研修をやっているのは、とてもよいことだと思います。

ただ、現役の社長たちの能力を上げることだけではなく、「高齢者たちが仕事を続けられるようにするには、エネルギーの補給をどうするか」「どのようにすれば、平均的な人にも、会社の値打ちを上げるような働き方をさせられるか」「平均より劣《おと》る方々や障害を持つ方々の仕事を、どのようにしてレベルアップさせるか」ということも大切であるわけですね。

障害者と一緒《いっしょ》にしたら怒《おこ》られるでしょうけれども、先ほど言った、九回ツーアウトのときにだけ出てくるような投手というのは、本当に半端《はんぱ》な使い方しかできません。それでも、何球か投げるだけで十分に食べていける人たちなのです。

それは、言ってみれば、一日のうち、一定の時間しか働けないような人でしょうか。「一日のうち、一時間か二時間しか働けません」とか、「三時間しか働けません」とか、「週のうち、一日か二日しか働けません」という人もいると思うんですよ。

あるいは、「病気がちなので、普段は休んでいなくてはいけないのですが、三日に一回ぐらいなら働けます」などという人はいると思うんですね。

こういう人たちにも、やはり、職業をつくってあげて、こういう人たちが訓練によって成果をあげる方法を、編み出さなければいけないんですね。

これが未来社会なのです。

これを上手にやれば、すなわち、このマネジメント教育をうまく発明できれば、日本の政府がやろうとしている、「大きな政府による福祉《ふくし》国家構想に基づく、高負担・高納税スタイルの全体主義的統一国家型政策」などは、してくれなくても結構なのです。

打者一人を打ち取るだけでも食べていける人をつくったら、彼らも、すき焼きにありつけるようになるのですね。

天才教育もいいですけれども、それが陥《おちい》りやすい罠《わな》は、「特別に優秀な人だけを選《よ》りすぐって、教育をつける」というスタイルになりやすいことです。気をつけないと、それ以外の経営資源としての人的資源が眠《ねむ》ってしまう傾向《けいこう》になるおそれがあります。

そのへんは、日本も、今、社会が少しずつ変わってきているとは思うんですよ。

今、日本の学校には、超難関校とか、一流校とか、一流校に準ずる学校とか、いろいろなハイアラキー（階層）があるんでしょうし、例えば、難関校なら、東大だとか、早稲田《わせだ》だとか、慶応《けいおう》だとか、あるのでしょう？

ただ、どうでしょうか、難関校で入学試験を十回やったとして、「十回とも結果が同じになる」ということは、実際にはないと思うのです。

まあ、試験の問題が違っても、一割ぐらいの人は、いつも同じ結果を出すかもしれませんが、残りの九割の人は、やはり、受かったり落ちたりして、何勝何敗という結果が出ると思うんですね。

そういう偶然性《ぐうぜんせい》もあって、入学する学校が分かれているわけですが、ほかの大学も、やはり同じです。試験が違えば、そういうことがあるのです。

日本は、〝入り口〟が重視される傾向が非常に強い社会でしたけれども、やはり、途中《とちゅう》で評価が変わっていくシステムを、もう少しつくらなければいけません。

新しい事態に対応するには「パイオニア精神」が必要

また、日本は、アメリカと違って、大学院を出ても、必ずしも就職には有利にならないんですよね。

なぜかというと、年を取るからです。大学院に行くと、二年ないし五年、年を取りますが、そういう人が、新入社員と同じ仕事を与《あた》えられたら、仕えにくいに決まっています。年下の上司や先輩《せんぱい》に仕えなければいけないので、やりにくいのです。また、そういう人は教育しにくいので、あまり企業が喜ばないわけですね。

さらに、日本の大学院などには、「学問自体の実用性が低い」という難点があります。教える先生がたが、実務に精通していないわけです。

アメリカの大学院では、実際の実務家というか、社会で働いている人を先生として呼んできて、教えさせたりしています。

また、アメリカでは、大学院に行く人のほうも、実社会で何年か働いたあと、〝リハビリ〟として大学院で学び、実務家に教わってから実社会に戻《もど》ると、以前よりも知識が増え、経験に知識が加わって、さらに仕事ができるようになる場合もあるのです。

日本のほうには、「学問における純粋《じゅんすい》主義が強すぎる」というところがあります。

ただ、そのアメリカも、「何年か社会経験を積んだ人を、一流の大学院に呼んで、勉強をさせ、ＭＢＡを取らせて、社会に戻し、エリートにする」というシステムはあるものの、これが、今、機能不全に陥ってきています。

経営のケーススタディをやって、「昔、こういう会社で、こんなことがあった」という、過去の事例を掘《ほ》り起こしてみても、新しい事態に対応できないようになってきているのです。

新しい事態に対応するには、過去のケースの勉強では、もう無理になってきており、やはり、「パイオニア精神」が必要になるのです。

パイオニア精神を教えることはできません。これについては、「勇気を持ってチャレンジしていく」ということ以外になく、教える教科書はないのです。

あえて手助けをするとすれば、ベンチャー企業をつくるための資金をつけてやることぐらいが、精いっぱいのところでしょう。

あるいは、「起業を志す人たちは、自分の企業をつくって独立する前に、経営に役立つ経験のできる企業で、少し徒弟奉公《とていぼうこう》的に勉強をすることができる」というスタイルを、上手につくり上げることぐらいしかないんですね。

そういう意味では、一定の社会経験を積んでから独立することを、よしとする風潮をつくるか、起業時に融資《ゆうし》等をしてあげることが大事ですね。

「過去のケーススタディで勉強すれば、エリートになれる」というやり方は、もうそろそろ、通用しない時代になってきています。

C――　「人に関するマネジメントの仕方」を教えていただきまして、ありがとうございました。

［注］本章収録の前日、地球系霊団の至高神エル・カンターレの「魂《たましい》の兄弟」であり、アトランティス文明の最盛期を築いた大導師トスの霊言が公開収録された。

7　中国経済を、どう見るか

C——　次に、今のお話の最後に出ましたお金の件について、お伺《うかが》いいたします。

ドラッカー先生は、ご生前、「利益は発展のためのコストである」と述べておられました。

現在、中国人やアングロサクソンは、拝金主義といいますか、お金に対して、執着《しゅうちゃく》に近いぐらい、非常に強い思いを持っています。

かたや、日本人は、今、鳩山《はとやま》政権の影響《えいきょう》もありますし、もともと社会主義的傾向《けいこう》のある国家だということもあって、多少、お金に対する罪悪感を持っており、お金への思いが薄《うす》いというか、思いにおいて彼らに負けているのではないかと感じられます。

彼らに負けないために、日本人や日本の経営者に対しまして、お金に対する正しい考え方を、新たに、ご教示賜《たまわ》れればと存じます。

やがて中国は大きなリセッション（景気後退）を経験する

ドラッカー　中国は、確かに、今、勢いがあって拡張中ですし、向かうところ敵なしの状態に見えるかもしれません。しかし、本当の意味で資本主義化していくために、彼らには、まだ幾《いく》つか経験しなければならないことがあると思うのです。

例えば、彼らは、著作権法にさえ、まだ十分に精通してはいません。他の国の企業《きぎょう》などがつくったものを、まだ、そのまま平気でまねしているでしょう？ブランド物をつくる場合には、きちんと使用料などを払《はら》わなければいけないのに、中国では、海賊版《かいぞくばん》がいくらでもつくれる状態です。

あなたがた幸福の科学の本についても、ひょっとしたら、海賊版でいくらでも出せるような面があったりするかもしれませんね。

本当はクリアしなければいけないことが、法律やシステムのレベルで、まだ、そうとうあるんですよ。

だから、中国は、このまま一直線に行くとは考えられなくて、規模が大きい分、これから、幾つかの失敗を乗り越《こ》えていかねばならないでしょう。

私の考えでは、十パーセント前後の経済成長を遂《と》げてきた中国は、これから、おそらく、恐慌《きょうこう》とまで言えるかどうかは分かりませんが、何らかの意味での大きなリセッション（景気後退）を経験すると思います。

そういう大不況《だいふきょう》と治安の悪化を、どこかで必ず経験するはずであり、それを乗り越えないと、本当の意味で先進国のようにはなれないと思いますね。

彼らは、今、かなりエゴイスティックになっていて、聞く耳を持たないところがあるのですが、これは、いったん、そういう大不況などを経験しないと分からないのです。彼らには、先進国の言っていることを理解できていないところが、まだあるんですね。

それに比べれば、日本という国は大人《おとな》の国だと私は思いますよ。非常に忍耐《にんたい》強く、よく我慢《がまん》して、経験も積んでいるので、私は、日本の未来を、それほど悲観的に見ているわけではありません。日本人の力を非常に高く評価しています。

少なくとも、「先の第二次大戦で、あれほど荒廃《こうはい》し、焼け野原になった国を、これだけの短期間で急成長させた」というのは、ほかの国民では、ほとんど想像できないことです。

そして、その敗戦国である日本が、イギリスやフランス等も追い抜《ぬ》き、また、同じく敗戦国ではあっても、「科学技術では遙《はる》かに進んでいる」と言われていたドイツをも追い抜き、アジアの盟主のような立場にまでなったことに対して、私は非常に大きな敬意を払っています。

中国は「日本の明治以降の時代」を疾走《しっそう》している段階

まあ、中国が先進国ぶって日本に教訓を垂れるには、まだ、もう少し時間がかかると思います。

中国には、唐《とう》の時代など、かつて世界帝国《ていこく》だった時代があるので、中華《ちゅうか》思想が残っており、そうした世界帝国への夢を持っているとは思いますが、文化的には、残念ながら、まだ、「欧米《おうべい》に追いつけ、追い越せ」の時代であり、日本で言うと、明治以降の時代を疾走《しっそう》しているところでしょうね。

中国には、これから、幾つかの試練がまだあります。

恐慌に近い、経済的な大不況を潜《くぐ》り抜ける経験や、大量の失業者や暴動と対決する危険、民族紛争《ふんそう》の危険、軍事拡張による戦争を乗り越える危険、このようなものを幾つか通り越さないと、中国は、本当の意味での東洋の盟主にはなれないし、やはり、そう簡単には、日本を指導するような立場になれないと思います。

「文明的に見て、中国の一部は、かなり進んできている」とは思いますけれども、日本に匹敵《ひってき》するると言えるような地域は、せいぜい、中国という国家のうちの一割ぐらいでしょう。

残りの九割については、情報公開がなされていないので、その悲惨《ひさん》な部分についていては隠《かく》されたままになっています。先進国のように、全部に光を当ててみたら、悲惨な状況が数多く浮《う》き出てくるはずです。ただ、その悲惨な状況を、中国政府は隠蔽《いんぺい》して見せないようにしています。

この蓋《ふた》が、いずれ開《あ》いたら、先ほど言ったような問題が起きるんですよ。「あなたがただけが、そんなに金儲《かねもう》けができて、われわれは、こんなに貧しい。こんなことがありうるのか」という不満が生じるわけです。

数千万円のベンツに乗れる人と、年に数万円で生活している人たちとでは、ずいぶん落差があります。

中国政府は、その数万円で暮らしている人たちを、ほったらかしにしており、電気や水道さえ通っていない状況を、数多く放置しています。特に、異民族が住む地域で、中国に吸収されたような所は、宣伝に使われている所を除き、まだまだ、ひどい状態にあります。

そのため、日本は、「電線がなくても電気がつくれるように」と、太陽光発電ができるパネルを売り込《こ》みに行ったりしているはずですね。

中国は、こんな状況であり、国がやってくれないことがたくさんあるので、いずれ、大きな問題が幾つも出てくるだろうと思います。

だから、日本は、中国に対して、それほど悪く言う必要はなく、「ご発展、おめでとうございます」と言いながら、日本は日本で、もう一段の高みを目指して努力していくべきです。「アメリカの経済モデルを超《こ》えて、次のモデルを構築することが可能なのは、日本しかない」と私は思うので、ぜひ、そのようになっていただきたいものですね。

8　ドラッカーの霊界での位置づけ

C――　最後に一つ、お伺《うかが》いいたします。

「経営者の資質で大切なのは、最後には、やはり人格である。それは、具体的には、例えば、誠実さ、そして、志の高さである。経営者こそ、自らの人格を陶冶《とうや》すべし」と、ドラッカー先生の著作から教えていただいております。

これは、私たち宗教が目指しているものと、ほとんど同じです。

その意味で、ドラッカー先生の宗教観といいますか、あの世で経営者層を束ねておられるドラッカー先生の現在のポジションについて、教えていただければと存じます。

倫理《りんり》思想と経営能力を持った企業家《きぎょうか》を育てよ

ドラッカー　この前、こちらで二宮尊徳《にのみやそんとく》さんとも会いました。

また、渋沢栄一《しぶさわえいいち》さんを、私は尊敬しています。世界で最初にして最大の「マネジメントの実践者《じっせんしゃ》」は渋沢栄一だと思います。一人で日本に五百か六百の企《き》業群《ぎょうぐん》をつくった人ですね。これは先進国にも例がありません。これだけのマネジメント力、あるいは企業家力があった人というのは、類を見ないでしょう。

そういう人を日本は明治期に持っていたわけですから、もっと誇《ほこ》りに思わなければいけませんね。一人で何百もの企業群をつくるというのは、そう簡単にできることではありません。

「欧米《おうべい》の文化が入ったから、日本は発展したのだ」という考えもあるでしょうが、そういう偉《えら》い人がたくさんいたことも事実なのです。今、どれほど器用な人であっても、会社を数個持ったら、もう、それだけで手いっぱいですよ。それを何百もつくったのですから、大したものですよね。

日本には、こういう先人がいて、「論語と算盤《そろばん》」ということを唱え、「論語の倫理《りんり》を背景にして算盤をはじけ」と言っていたのです。これは、要するに、「論語の倫理を背景にして、商業をやれ。経営をやれ」ということですね。渋沢さんは、それを実践なされたのでしょう。

彼には、そういう儒教《じゅきょう》の文化的バックボーンがあり、一本、背骨が通っていました。そのなかで、経済的繁栄《はんえい》を目指したために、それだけの企業群をつくっても、それらを束ねることができたのだと思います。

今、幸福の科学でも、「主の理想」や「エル・カンターレ文明」という言葉を背骨にして、いろいろな企業家たちが育ってこようとしていますね。あと三十年ぐらいで、財閥《ざいばつ》に匹敵《ひってき》するような、ものすごく大きな企業がたくさんできてきますよ。

彼らには、そうした精神的なものが、一本、入っているため、そのなかにいる社員たちにも十分に影響力《えいきょうりょく》が及《およ》ぶでしょうから、あなたがたは、現代において、儒教を超《こ》えたもの、あるいは、「論語と算盤」を超えたものをつくることができると思います。

教団の財務局長などの経営幹部たちが、渋沢栄一に代わって、現代版の渋沢栄一の役割を果たし、そういう企業家たちを育てなくてはなりません。

倫理思想を入れつつ、彼らに上手な経営を教え、企業群を育てていけば、ますます、教団としての経営的な力もつけながら、「多くの人たちを幸福にする」ということを、実証として表すことができると思うのです。

そういう意味で、私は今の幸福の科学に期待します。

このやり方が、いちばんいいですね。そうとう大きな規模、スケールで、世界的に展開できる可能性を持っていると思います。

ドラッカーは八次元如来界《にょらいかい》の高級霊

ドラッカー　ところで、私の霊界での位置づけを訊《き》かれました？

C――　はい。

ドラッカー　アハハ。最近、「マイケル・ジャクソンは光の天使であり、偉かった」ということが明かされたので（『エクソシスト入門』〔大川隆法著、幸福の科学出版刊〕参照）、たいへん言いにくいのですけれども、私は、どのぐらいだと思いますか。

C――「八次元如来界《にょらいかい》にいらっしゃる」とお聞きしているのですけれども

……。

ドラッカー　ありがとう！　ありがとう！

では、そういうことにしておこうか。君が言ってくれるなら、そうだろう。

そういうことにしておこうか。

まあ、でも、そうですね、今のところ、そんな感じかな。

ただ、幸福の科学がドラッカー理論を取り入れてくれて、全世界を照らす光となったときには、もう少し偉くなる可能性もあるような気が、しないではないんですけれどね。

あなたと、あなたの左後ろに座っている方（質問者A）は、過去世《かこぜ》では、明治期に活躍《かつやく》なされたけれども、そのとき、私も、あなたがたを天上界から指導したことはあるんですよ。

C――　ありがとうございます。

ドラッカー　あなたは三菱財閥《みつびしざいばつ》で頑張《がんば》っておられましたし、後ろの方は、もう一方の雄《ゆう》として活躍なされた方です。

今、政治のほうには、過去世においても政治家だった方が出ていますけれども、当時は、あなたがたが、やはり、経済界の「維新《いしん》の志士」であったのだと思われます。

あなたがたは、「日本が沈没《ちんぼつ》するかもしれない」と言われている今の時期に、経済界の「維新の志士」として、宗教をバックボーンにした経済繁栄を、この国に広め、世界に輸出することで、世界の人々を幸福にすることができると思います。

私も、過去の日本に協力をしたことがある者の一人です。今は、イメージが崩《くず》れるので、言いたくはありませんけれども、基本的には、経営で役に立つような立場や地位にあった者として、過去の日本に生まれたことはあります。ただ、それは謎《なぞ》のままでよいかと思います。

ここには、ご縁《えん》のある方々も数多くいるようですので、支援《しえん》させていただきたいと思います。はい。

C——　ありがとうございました。

今日《きょう》のご教示を受け、私たちは、「エル・カンターレ信仰《しんこう》」の下《もと》で、ドラッカー先生の経営理論を学ばせていただき、それを実践し、多くの企業家も育ててまいります。そして、一同、一致《いっち》団結して、幸福の科学の発展と地球ユートピアの実現を目指してまいります。

第2章

日本をマネジメントする

二〇一〇年三月十九日　P．F．ドラッカーの霊示

［質問者三名は、それぞれＤ・Ｅ・Ｆと表記］

1　マネジメントの視点から現政権を評価する

大川隆法　それでは、引き続き、ドラッカーさんに指導を賜《たまわ》りたいと思います。

（約十五秒間の沈黙《ちんもく》）

ドラッカー　さて、午後は、どうするかな。

D――　ドラッカー先生、直々《じきじき》のご指導、まことにありがとうございます。私は幸福実現党の○○と申します。

ドラッカー　ああ、君は、よく出てるなあ。

D――　はい、ありがとうございます。私からは、「国家とマネジメント」ということに関して、質問させていただきたいと思います。

今、幸福実現党では、「この国の政治に、ドラッカー理論をはじめとした、マネジメントの思想を取り入れる」ということを政策の一つとして掲《かか》げております。

ドラッカー　うーん、あ、そう?

D——　例えば、「公立病院に経営の思想を導入する」、あるいは、「行政機関の生産性を上げ、収益部門化する」ということなどを挙げております。

そこで、ドラッカー先生から、二十一世紀における、「マネジメントを取り入れた国家像」について、アドバイスをいただければと思います。

今の政治家には、国家運営の全体像が見えていない

ドラッカー　うーん。そうねえ、日本は大国病になっていますからね。

大きくなると分からなくなるのは、どこも同じですよ。会社だって、大きくなったら分からなくなるように、国家レベルにおいても、大国になると分からなくなります。

選挙で選ばれた人が集まっても、国家の仕事の全部を把握《はあく》することはできないんですよ。

その意味では、「無理はあるのかな」とは思います。「一通り大臣をやってから、首相になる」というならともかく、いきなり首相になったら、分からないのも無理はありませんね。

そのため、抽象的《ちゅうしょうてき》な政策しか言うことができないし、あるいは、ムードで国民を動かそうとするような発言が多くなります。「実際に、それが、どう機能するのか」「自分の発言が、どう影響していくのか」が分からないんです。

頭のいい人はたくさんいると思うけれども、「全体像を見る」というのは難しいことです。

役人もそうだと思いますね。一つの省庁に何十年かいて、その省庁のことについては、ある程度、分かっているけれども、ほかの省庁のことに関しては、無理解というか、知識もないという状態ですね。そういう、自分の省庁のことしか知らない役人が、政治の全般《ぜんぱん》が見えない政治家と交渉《こうしょう》し、国の運営を進めているというのが、現状でしょうか。

さらに、省庁が合併《がっぺい》し、大きな省が幾《いく》つかできましたが、今度は、「なかにいる役人であっても、自分の省の全体像が分からない」という状況《じょうきょう》になっています。まあ、合併のいちばんのメリットとして、小回りの利《き》くマネジメントを本当は目指さなければならなかったのでしょうが、現実は、そうなっていません。組織が肥大化しただけで、全体像が分からない人がマネジメントしなくてはならなくなっています。「頭数だけ減らしたように見せている」という状況です。

大きな省では、違《ちが》うものが合体してやっていますから、実際は、全体像が分かっていません。例えば、地方自治を担当するところと、電波を管理するところが一緒《いっしょ》になっても、分かりませんよ。

まあ、そういうところがあるので、実に厳しいと思います。

現実には、役人に対して「無能」と言うには、かわいそうなぐらい厳しい状況にはあります。それにもかかわらず、政治家は、それに輪をかけたような素人《しろうと》です。そのため、「政治家に相談をしても埒《らち》が明かない。自分たちで結論を出さなければいけないが、自分たちにも分かりかねる」という状態が続いていますね。

「流氷政権」と化して漂《ただよ》うしかない鳩山《はとやま》政権

さらに、昨今の情勢を見ると、民主党は、「責任はすべて役人にある」という方向に持っていこうとしているようです。これは〝役人性悪説〟でしょうね。事務次官会議を廃止《はいし》し、役人を国会に出させないようして、「政治主導である」と言っていますが、現実には、〝陸《おか》に上がったカッパ〟のような状態になっているのではないでしょうか。

今、役人の反乱が静かに進んでいるように思いますね。役人が情報を上げさえしなければ、政治家は判断などできなくなるんですよ。政治家に情報を上げるのが役所の仕事でしょう？　本当は、情報を上げて、政治家に判断してもらわなければいけないのに、それをサボタージュしています。

一方、政治家のほうは、「役人に情報操作をされるのが嫌《いや》だ」ということで、役人を拒否《きょひ》していますが、自分たちだけでやるとなったら、独自の調査機関を持たなければいけなくなり、二重政府のような動きになります。そして、二重政府になっても、結局、自分たちがつくった調査機関の言うとおりに動かされていくでしょう。まあ、難しいですね。

そういう意味で、今、非常に苦しんでいるように思いますよ。

今の政権は国家戦略局をつくりましたが、屋上屋《おくじょうおく》を重《かさ》ねた状態ですよね。首相は何も分からないので、「役所に訊《き》かなくても済むようにしたい」ということで、国家戦略局をつくったわけですが、結局、〝ＣＩＡの小型版〟というか、各役所から情報を少しずつ集めてくるぐらいのことしかできていないのが現実です。

予算編成に当たって、公開の場で事業仕分けをして見せているようですが、「国民に分かるわけもなく、実は政治家に分かるわけもなく、誰《だれ》も分からない状態でやっていた」ということが分かってしまったような感じでしょうか。

よくあるじゃないですか。ステーキハウスで、人の見ている前でショーのような包丁さばきをし、ステーキを切ってみせる。熟練していればこそ、人に見せても面白《おもしろ》いものができるけれども、熟練していない者がやったら、やはり、まずいでしょうね。

厨房《ちゅうぼう》が見えるレストランというのもあるけれども、料理の手さばきがうまいところをお見せするのが見せ所であって、下手なら見せないほうがよろしいし、汚《きたな》いなら見えないほうがよろしいわけです。

結局、事業仕分けは成功していないように見えますね。「財政赤字は役人のせいだ」という方向に持っていこうとしたのだろうけれども、反面、「政治家が素人だ」ということがバレてしまったというのが、実際のところではないでしょうか。

今の民主党は、「数を集めて多数決の議決をするためだけに、政治家がいる」「一人か二人かの意見で党の政策を決め、それを採決するためだけに、政治家をつくっている」という状態ではないでしょうか。

そういう意味で、私は、今の民主党政権に対して、あまり、いい印象は持っていません。これは危ないのではないでしょうか。舵取《かじと》りを誤ると、とんでもない方向に行くような感じがします。

役所は、確かに、仕事のスピードは遅《おそ》いし、言うことをなかなかきかないので、政治家にとっては非常にやりにくいところがあるけれども、一種のスタビライザー（安定調整装置）の役割を果たしていたところはあるのです。

その役所がサボタージュに入ってきたので、今の政権は、もう、「流氷政権」ですね。オホーツク海に流れ出した流氷のようなもので、海面に浮《う》かんではいますが、海底とはつながっていない状況です。まあ、そのように見えます。

「役所ともつながらず、財界ともつながらず、かといって、国民の拍手喝采《はくしゅかっさい》を受けるような〝芸〟もできず」というところでしょう。

まあ、そのような状態で、国家のマネジメントには、ほど遠い状況ではないかと思います。

総理になる人材の養成を怠《おこた》ってきた日本

今の政権の中心にいる人たちは、選挙で勝つことのみに執念《しゅうねん》を燃やしてきた方々であるようなので、やはり、「政策の実現に命を懸《か》けている」とは言いがたい状況ですね。

組織全体のバランスと情報機能が十分に働いていないことなどを見ると、「人を使う」という意味でのマネジメントが十分にできていないと思うし、経営理念に当たる部分のつくり方が、少し情緒的《じょうちょてき》で、独断性に富んでいるのではないかと思われます。

友愛を掲げた政治は、ある意味で、宗教的なものを持っているだろうから、あなたがたは、「この政治が、どうなるか」ということをよく見て、研究し、反省をしなければいけないでしょうね。

つまり、「情緒的で、人の心をくすぐるような政策を掲げても、現実の段になると、それなりに難しいところがある」ということです。

まあ、民主主義の悪い面が出てきているような感じですね。民主主義が悪いほうに出ると、「大勢で決めているから正しい」というふうに見せられて、真の支配者の姿が見えなくなってきます。今、そういう面が出ているでしょう？

ただ、支持率そのものは下がってきているので、国民も悩《なや》み苦しみ始めたというところでしょう。受け皿がないし、元の自民党政権にそのまま戻《もど》ったなら、自分たちが反省をしなければいけないことになりますからね。

幸福実現党はニュースにもならないので、「残念ながら、幸福実現党に期待している人は少ない」というのが現実ではあります。そして、ニュースで流さないことをもって、「自分たちには見識がある」と思っているマスコミ人も多いようです。

だから、うーん……。いやあ、その意味では、「総理になる人材の養成を怠《おこた》った」と言えば、「怠った」と言えますね。

アメリカでは、州知事になって行政経験を積むことが、大統領の登竜門《とうりゅうもん》のようになっているけれども、日本では、そうした、議会対応をしながら政策を推し進めていく経験を、なかなか得られません。そこが厳しいところですね。

いずれにしても、国の大きさから言えば、大勢の人が政治にかかわる必要はあるのだろうけれども、「政治家が、もう一段、高い認識力を付けるのは、残念だが、難しい」というところでしょうか。

特に、人生のいちばん貴重な時期に、政治ではないものに時間を使いすぎた人が、総理などをやることには、なかなか難しいものがあるかもしれませんよね。

国民は貴族性のようなものを信頼《しんらい》している感じなのでしょうか。この閉塞感《へいそくかん》に対しては、なんとも言えないものがあるだろうけれども、どこかで我慢《がまん》の限界が来るでしょう。

まあ、そういう意味で、今、政界に救世主はいないと思われますね。

政治家に力がないなら、民間主導で国を立て直せ

おそらく仕事の範囲《はんい》が広すぎると思うので、もう少し、できる範囲にまで限定していき、任せるべきものは、もっと大胆《だいたん》に任せないといけないのではないかと私は思いますね。

今は、政治が、あまりにも細かいことにまで口を出しすぎているのではないでしょうか。そのような感じがします。

ほかの者では、どうしても代替《だいたい》できないところに重点を絞《しぼ》り込《こ》み、自分たち

がしなくてもいいことについては、他の者にお任せしていったほうが、よいのではないでしょうか。

今のままでは、マネジメントができているとは言えませんね。国が大きすぎて、難しいんですよ。

では、その反対に、「地方分権をすればよいのか」ということですが、これにもまた、それなりの問題があります。日本の場合、地方自治といっても、昔の藩《はん》の制度に戻すわけにはいかないでしょう。〝幕府〟の意向を聞かなければ、どうしても、うまくいかないだろうから、完全な地方自治は行われないと思われます。都会と田舎《いなか》の差がもっと開くでしょうしね。

だから、政治のほうが力を失うのなら、民間主導で国の立て直しをやればよいのではないでしょうか。

政治のほうに、景気を回復させる力がないのなら、民間のほうで努力して、景気回復をやればいいのです。政治のほうで、やっていいことと悪いことの区別がつかないのなら、もう、余計な法律はつくらないに限りますね。法律をつくって統制をかけると失敗するので、そういうことは、しないほうがよろしいかと思います。

そういう意味では、一般の会社なら行われるべきことが、政治でも行われなければならないのかもしれません。いわゆる「政治家のリストラ」をやらなければいけないのかもしれませんね。「能力がない」と思う人には、やはり辞《や》めてもらわないと、何も動かなくて困るのではないでしょうか。

まあ、あなたがた、たいへん、ご苦労なことですね。いやあ、ご苦労、ご苦労なことです。もう、本当に、ご苦労としか言いようがありませんよ。はい。

D――　ありがとうございます。

ドラッカー　〝日本株式会社〟の経営は、そんな簡単にはできないんですよ。

2　未来産業をつくり出すための条件

D――　幸福実現党は「小さな政府」を目指しておりますが、これは、ある意味で、民間活力を活性化させていく方向であるかと思います。ただ、私たちは、経済成長を単に民間に任せるだけではなく、政治によって未来産業を創出していくことをも目指しております。

ドラッカー先生は、一九六〇年代に、「情報産業が未来産業である」と指摘《してき》され、今、そのとおり、情報産業が開花しておりますが、今の時点で見て、これから伸《の》びていく「未来産業の種」というものがありましたら、お教えいただければと思います。

十年ぐらい〝鎖国《さこく》〟をしなければ未来産業は拓《ひら》けない

ドラッカー　うーん……。そうですねえ。

私は、まあ、ある意味で、これはあくまでも「ある意味で」だけれどもね、「日本は、いったん〝鎖国《さこく》〟をしてもいいのかな」という気がするんですよ。

あまりにも外国の動向や考え方などに引きずり回されすぎている感じがして、しかたがないんです。ですから、今は、国内の立て直しに力を注いで、いったん国を洗い直したほうがいいと思います。

外国から、いろいろなことを言われたりするだろうけれども、いったん、日本の国にフォーカスし、焦点《しょうてん》を当てて、「この国をどうするか」を考えてみる。

多少エゴイスティックに見えるかもしれないけれども、十年ぐらいは許されると思うので、「この国を弱めている要素」と「この国を強くする要素」とをよく分け、「この国のあり方として、どうあるべきか」ということを、十年ぐらいは集中して考えたほうがよいのではないかと思います。外国の意見とか、いろいろあろうけれども、それに振《ふ》り回されずに考えてみる。

〝鎖国〟というのは、そういう意味ですよ。

具体的に言えば、まず、日本のマスコミは、社会主義圏《けん》の人たちがいろいろと言うことをすぐに取り上げ、国際世論《せろん》で大騒《おおさわ》ぎが起きているような感じで国内に報道し、政治を揺《ゆ》さぶって、主導的なことが何もできないようにするでしょう?

あとは、アメリカのご意向ですね。「アメリカのご意向は、ああだ、こうだ」

というようなことで、いちいち、ご機嫌《きげん》を伺《うかが》ってから判断をするような、〝反応型政治〟になっていますね。アメリカ以外の外国についても、何かあると反応して動く。「北朝鮮《きたちょうせん》がこう言った。韓国《かんこく》がこう言った。中国がこう言った。だから、こうする」というような〝レスポンス政治〟をやりすぎていて、主体性がないですね。

だから、十年ぐらいでもいいと思うので、〝鎖国〟をしたほうがいいですよ。これだけの大国になったのだから、外国の意見は無視して、この国を、とにかく洗い直す。そして、弱いところをなくし、強いところをつくっていくことに、やはり集中しなければいけないですね。

外国の意見に振り回されたら、未来産業などできないんですよ。それを聴《き》くことが民主的だと思うかもしれないけれども、それであれば、できないと思いますね。

どこの国も、ある意味での自我というか、国としての願望というか、拡張欲というか、あるいは生命力というか、そういうものを持っているんですが、この国は、ある意味で〝無我〟になりすぎています。しかも、その無我が、無執着《むしゅうちゃく》ということではなく、「他の意見に振り回される」というかたちになっていて、主人公がいない状態になってしまっていると思うのです。

そのことが、国益について議論できないことにも、つながっているのではないでしょうか。

まあ、未来産業について云々《うんぬん》することもできますが、未来産業を本当に拓《ひら》きたかったら、ある程度、外国の意見を無視できないと無理ですね。外国は必ず邪魔《じゃま》しますからね。「外国が邪魔をして、マスコミが騒ぐ」というスタイルが繰《く》り返されると思います。

外国に向かって、いい格好をせず、「この国としては、どうあるべきか」「どのようにしたほうが、国力は強くなっていくか」「この国の限られた予算を、どうフォーカスして使っていくか」ということを考えることが大事だと思うのです。

鳩山《はとやま》さんが、国連演説で、「地球温暖化問題に先陣《せんじん》を切って取り組む」というようなことを言っていましたが、これも、やはり、〝国際的ないい格好〟が先走っていて、国益は考えていないと思いますね。そういう調子を続けていくと、本来やるべきことが、おそらく、できなくなるでしょう。

周りの国から、多少、批判などを受けたとしても、もう受け流すことです。全体主義国家のような国は、もっと強くて、聞く耳をまったく持ちませんからね。まあ、「そこまで強くなれ」とは言いませんけれども、彼らは、聞く耳を持たないだけでなく、攻撃《こうげき》もしますよね。

例えば、中国は、「アメリカが台湾《たいわん》に武器を売るのは、けしからん」と言って、アメリカと台湾との貿易にだってケチをつけるし、「大統領がダライ・ラマと会うのも、けしからん」と言って、外交にもケチをつけています。こういうことがまかり通ると平気で思っている国ですよね。

したがって、こうした外国の意見を聴いていたら、日本の新産業開発などできるわけがありません。新産業開発に際しては、競争力において彼らを打ち負かすことに集中していくことになるので、彼らにとって不利なことがたくさん起きてくるはずだからです。

このあたりの、「情報戦における防衛力を高めなければ、新産業の開発はできない」ということは知っておいたほうがよいと思います。

それは、「アメリカに対しても、きちんと論戦をして、言い返さなければ駄目《だめ》だ」ということです。

アメリカが何かを言ってきたら、もう、黒船が現れたときと同じで、「ただただ、ひれ伏《ふ》す」という状態では、やはり駄目ですね。

アメリカはアメリカの利害を考えていて、今は、「国内産業が不況《ふきょう》から脱出《だっしゅつ》するためには、どうすればよいか」ということで頭がいっぱいなのです。

今は国際化社会ではあるけれども、この国の立て直しということを考えれば、十年ぐらいは、いささか〝情報鎖国〟ぎみに情報防衛戦をしながら、新産業の育成をやらなければ駄目です。

批判に屈《くっ》せず、信念を訴《うった》え続けよ

多少、言いづらいことではあるのですが、よその国は、一生懸命《いっしょうけんめい》、他国から情報を見られないようにシーリング（封印《ふういん》）をかけているのに、この国には、お人好しにも、売国的なマスコミが多いので、国内で、何か新しいことが少し試みられると、すぐ情報を流し、外国の反対を引き出してくるのです。

このように、今は、新産業の育成ができないような状況ですね。

幸福実現党の主要政策は、「景気・雇用《こよう》」「外交・安保」「新・学問のすすめ」ですか。この三つとも、今のマスコミのあり方から見れば、「できない」というのが結論ですね。結論的に言えば、おそらく、できないでしょう。

自分たちの言論によらなくても、「外国がこんなことを言ってきた」というような感じでニュースを流せば潰《つぶ》せるので、マスコミがこれらを潰そうと思ったら、どれでも潰せます。

その意味で、情報防衛力を持たないと駄目ですね。平壌《ピョンヤン》放送を見習って、外国からの意見に対し、言い返す能力を身につけないといけません。

外国が何か言ってきたら、それに対して、やはり、言い返せなければいけないと思います。言い返すことのできるマスコミがいないといけませんね。そう思います。

だから、「新産業をつくりたかったら、十年ほどで構わないので、情報防衛力を高めることが大事だ」ということです。

そのためには、やはり、心を揺らさないで断行する力が必要になると思います。

今のように、テレビや新聞その他が、首相をはじめ、政府のやることを、一挙手一投足、全部チェックして、報告しているような状況では、残念ながら、「新産業の育成はできない可能性が高い」と思います。

うーん。だから、情報鎖国を十年ぐらいして、産業の転換《てんかん》を図らなければいけませんね。

それは、日本の産業の競争力を高めることになるので、外国にとっては具合《ぐあい》が悪いのです。「日本が航空機産業や宇宙産業の能力を高める」ということは、実は、アメリカにとって具合の悪いことなのです。

日本が防衛力を高めることについても、北朝鮮や中国、それから、マスコミの煽《あお》り方によっては韓国だって反対するでしょう。

「新・学問のすすめ」を実施《じっし》するに当たっても、国内から、かなり厳しい攻撃があるでしょう。

不思議なことに、日本国内には、自国の国際競争力を弱めたい人がたくさんいます。罪悪感を持っていて、「日本が強くなることは、日本が悪い国になることだ」と思っている人がたくさんいるのです。それは、やはり、贖罪史観《しょくざいしかん》とも関連していると思います。

まあ、そういうこともあるので、「十年ほどは情報防衛力を身につけなければ、新産業への転換はできない」ということですね。これを言っておきたいと思います。

北朝鮮がミサイルを発射するとき、事前に情報はほとんど教えてくれないでしょう? いきなりドンと撃ってきます。実は、独裁国家のほうが、情報管理はうまくて、本心が分からないのです。

日本には、何をするにしても、やる前に、すべて分かってしまうところがあります。国にとって非常に不利になることでも、マスコミが、一生懸命、外国へ情報を出してしまいますからね。これでは本当にやりにくいと思います。

日本が国としての独立性を保つためには、強い意志の力を持って推進していこうとする大統領……、いや、首相の出現が望まれるところですね。

批判に屈《くっ》しないで、信念を訴《うった》え続ける人が必要です。外国からの批判に対して、きちんとディベートをし、言い返さなければいけません。そういうことが、今、望まれていると思いますね。

まあ、これをしなければ、新産業の育成はできません。

「政治にしかできない仕事」への絞《しぼ》り込《こ》みが必要

あと、「国のマネジメント」ということでは、総花的《そうばなてき》になりすぎている面は確かにあるので、「どこに絞《しぼ》り込《こ》むか」ということが大事です。

鳩山さんは、重厚長大型の産業を、全部、捨てに入っているわけでしょう？　そして、人に対するソフトタッチのところだけを厚くしようとしています。まあ、それも一つの考え方ではあろうかと思いますが、国がやらなければいけない仕事ではないかもしれませんね。

それこそ、ＮＰＯの仕事かもしれないし、ある意味では宗教の仕事かもしれません。したがって、「人に対するソフトタッチのところは宗教がやりますので、政府は、政治にしかできない仕事をやってください」と言う必要があると思います。

今、世の中は、政府が宗教のように「友愛」を説き、宗教のほうが「ダムをつくらなければいけない」とか、「防衛力を高めなければいけない」とか言っていて（会場笑）、逆転した状況になっているわけです。

「政府がきちんと仕事をしていれば、宗教のほうは、『人に優《やさ》しい世の中をつくらなくてはいけない』と言えるのだが、政府のほうが、そちらに入ってしまい、肝心《かんじん》なことを放り出しているので、今、宗教が政治に口出しをしている」という、まことに不思議な、倒錯《とうさく》した世界になっております。

鳩山さんは、ある意味で、宗教的な人ではあろうと思いますが、その割には政治のほうに欲があるので困るわけですね。非常に厳しいです。

宗教的にやるのならば、もう一段、信念と説得力を持たないといけないし、やはり、「〝鳩山ビジョン〟で行《い》ったら、この国は、最終的に、どういうかたちになるのか」ということを言わなければいけないと思います。

まあ、ほとんどは小沢氏の胸の内にあるのかどうか、それは知りませんがね。ただ、私は、人柄《ひとがら》のもう少し立派な方に政治をやっていただいたほうが、収まりはいいと思います。そういう人が上がってこられるようにしてもらいたいですね。

自民党は、そのへんのところで、ちょっと味噌《みそ》をつけたかなと思いますね。昨年の自民党の大敗北は、自民党政治そのものの敗北というよりは、麻生《あそう》氏の性格が尖《とが》っている部分への批判が強かったように感じるんですよ。

いやあ、今、政治と宗教が引っ繰り返ろうとしている状態で、まことに変だと思いますよ。私は、まことに変だと思っています。へんてこりんです。はい。

で、何を訊《き》きたかったんですか？

役所絡《がら》みの規制が少なければ発展の可能性がある

D――　未来産業について、アドバイスをいただければと思います。

ドラッカー　ああ、未来産業ですね。

まあ、産業を起こして税金が取れるならば、国は大きくなれるし、産業を起こせず税金が取れないならば、国は小さくなるしかない。当たり前のことですね。

今、鳩山さんは、税金が取れない方向に予算を配分しようとしているので、結果的には、財政赤字で国が潰れるか、国がダウンサイジング（小型化）するか、どちらかしかないでしょう。そういうことを私は申し上げたいですね。いずれ予算は尽《つ》きるでしょう。ええ。間違《まちが》いなく尽きるでしょうね。

幸福実現党としては、まずは、予算を、雇用の創出につながるところに集結・集中させていったほうがよろしいでしょう。雇用を生まなければ駄目ですね。

政治というのも創造的な仕事であり、何をするかは自由ですが、外国の意見を聴くのはやめて、もう少し、「国益」というものをお考えになったほうがよいと思います。

それは、宗教的にはエゴイスティックに聞こえるかもしれませんが、悪いことではありません。国民は、要するに、税金を払《はら》ってくださるお客さまですよ。そのお客さまにとって便利な国にしなければいけないわけです。

公務員は、自らを「国民への奉仕者《ほうしじゃ》」と考えて、もう一段、国民がしてほしいサービスを提供しなければなりません。それができないなら、税金を集めて公務員に使わせるのは、もったいないですね。

まあ、未来産業の芽は、もう、数多くあります。数多くあるのですが、「そのなかでも、発展の可能性があるのは、ほとんどが、行政絡《がら》みの規制が少ないところであり、規制がたくさんかかっているところは、みな苦しい」というのが本当のところです。

だから、政治家に立候補していくあなたがたに対し、〝はなむけの言葉〟として言うとしたら、まことに言いにくいことではあるけれども、「参議院の廃《はい》止《し》」なんて小さいことを訴えないで、むしろ、「国会の廃止」を訴えたほうがよろしいのではないでしょうか。幸福実現党は、要《い》らない法律の廃止を、もう少し訴えたほうがよいと思います。

地方議会に対しても、「条例をたくさんつくらないでくれ」と申し上げたいところですね。

もう、なるべく自己責任にてやってもらうことです。文句があったら、アメリカのように個人の間で訴訟《そしょう》をなさってください。

そして、裁判にかけて十年も二十年もかかるようなら、裁判所も廃止して、三日以内に簡潔に結論を出してくれるような簡易裁判を、民間サービスでやってもらってください。

それができる人はいます。普通《ふつう》の人なら三日で判断できることを、十年もかけてやっているのが、裁判所という役所なのです。

何なら、コンビニで判断してもらったほうが速いかもしれませんよ（会場笑)。コンビニに行って、「ここと、ここで、紛争《ふんそう》が起きているんですが、どうしたらよいでしょうか。今日のうちに結論を出してください」と頼《たの》んで、コンビニで判断していただいたらよいのです。

コンビニには翌日また仕事がありますからね。その日に仕入れた商品は、その日のうちに片付けなければいけないのが、コンビニの習性です。彼らは、場合によっては、一日三回転ぐらい仕入れと陳列《ちんれつ》をするので、「一日三回転ぐらい判決を出してください」と頼んでもいいかもしれない。

裁判所だと待たされると思うので、もう、コンビニにでもお任せしたほうが速《はよ》うございますね。

未来産業かどうかを見分ける基準は「仕事の速度」

あと、銀行も、どうしても自由化ができないようでしたら、これも、コンビニで全部やってしまったほうが速いかもしれませんね。もう、できると思いますよ。

速度の遅《おそ》いものは、とにかく廃止していき、速度の速いもののほうに仕事を増やしていかなければならないと思いますね。

だから、残す事業と残さない事業をふるい分けていく基準は、やはり仕事の速度です。「仕事速度の速いものは、今後、未来産業として残るが、仕事速度の遅いもの、あるいは遅くなっていくものは、未来には消えていく産業である」というように、判定していけばよいのです。

「この産業の仕事は速いですか。遅いですか」という質問を投げかけて、相手が「速いです」と言ったら、「それは未来産業として残ります」ということであり、「遅いです」と言ったら、「それは消えますね」ということです。こういう判断です。

郵便局は、民営化されたのに、今、国営化の方向へ揺り返しが起きていますが、「郵便局の仕事は速いですか。遅いですか」と訊かれたら、「遅いです」と言う人が多いでしょう。だから、やはり廃止ですよ。これが結論です。郵政復活を言っているような人たちは、国を滅《ほろ》ぼす考え方を持っている人たちです。これでは駄目なんですね。

病院についても、そのように考えてみればいい。「あの病院は仕事が速いですか。遅いですか」と訊いてみて、「はい、遅いです」という意見が多数ならば、その病院はかなり整理をしなければいけないことを意味しています。

そうした、整理をしなければいけないものに、多額の予算をかけるのは間違っています。もう少し、スピーディーに効果的な仕事ができる体制に切り替《か》えなければいけません。それをせずに、補助金など税金のたぐいを、あまり投入するべきではないでしょうね。

ま、そういうことで、「その仕事は速いですか。遅いですか」と、全部、訊いていったらいい。そして、「遅いものについては未来産業とは言えない」ということで判断なされればよろしいと思います。

とにかく、「国民に対して、『ただただ待て』と言うとか、規制をかけたりするとか、そういう不便な状態を放置しているものは、基本的に、なくなっていく産業である」と考えればよいということですね。

実は、国だけではなく、地方公共団体も、ほとんどが未来産業とは言えず、廃棄されるべきものであろうと思います。

彼らの手が加わることによって、かえって遅くなっていくことが、そうとう多いので、残念だけれども、政治の改革というよりは、国会や役所などを廃止したほうがいいかもしれません。体系的廃棄をしなければ駄目かもしれませんね。

そして、「何が本当に必要なのか」ということを考えなくてはなりません。「どこまで業務をスリム化したら、仕事が速くなっていくか」ということが分かるのが、要するに、経営者としての能力ですよね。

船で言えば、一定以上の積荷があれば速度が落ちていきますから、「どこまで荷を降ろせば、速度が上がってくるのか」という分岐点《ぶんきてん》を見なければいけないでしょう。

ですから、仕事の速度でもって「仕分け」をしていけばよいと思いますね。基本的には、「速いですか、遅いですか」と訊けばよろしいでしょう。「速いものが未来に生き延びていく」ということです。ま、そういうことですよ。

D――　本日は、国家構想について明確な指針をいただき、まことにありがとうございました。幸福実現党は、強い意志を持って自立国家を形成し、日本を繁栄《はんえい》に導いてまいりたいと考えております。これからも、よろしくお願いいたします。

ドラッカー　幸福実現党は速いですよ。人が替わるのも速いですからね（会場笑）。ものすごく速いですよ。あっという間に自己淘汰《じことうた》をしていくので、偉《えら》いと思いますよ。

参院選が終わったら、政策もまた変えるのでしょう？　すごく速いですよね。大したものです。きっと生き残りますよ。

D――　スピーディーな国家運営を目指してまいります。

私からは以上とさせていただき、質問者を替わらせていただきます。

3　交通革命と都市の再開発について

E――　ドラッカー先生、本日は、さまざまなご指導を賜《たまわ》り、まことにありがとうございます。私は幸福の科学で国内拠点《きょてん》の開発を担当しております。

ドラッカー　うん。

E――　幸福実現党では、未来ビジョンとして、「リニア新幹線で全国を結ぶ」「高層ビルを一定の間隔《かんかく》で建てて、モノレール等で結び、空中にも交通網《こうつうもう》をつくる」ということなどを打ち出しております。交通革命や都市の再開発は未来文明の創造のために不可欠であると思います。

ただ、一部の人からは、「東京への一極集中が加速するのではないか」という懸念《けねん》の声も出ております。

このあたりについての、ドラッカー先生のお考えを、お教えいただければと思います。

「交通革命」は悪くない政策

ドラッカー　乗り物のスピードは上げなければ駄目《だめ》ですし、乗り物のスピードだけではなく、その手続きや安全性についても改善していかなければなりませんね。

安全でなければいけません。それから、手続きが不便なものについては、やはり徹底的《てっていてき》に改善しなければいけません。

飛行機は、陸上を走るものよりは速いけれども、その手続きにおいて非常に不便なところが、まだまだ残っています。

テロが怖《こわ》ければ、もう、飛行機の形を変えてしまい、荷物だけを後ろに付けて、パラシュートか何かを引っ張っているような感じで飛んだらいいんですよ。そうしたら、荷物が爆発《ばくはつ》しても飛行機には関係がありませんからね。ま、ちょっと何か考えなければいけませんね。今は、少しテロでいかれていますが、航空機産業も問題は多いようですね。

「スピードを上げるものは、やはり未来性が高い」というのは、結論的には、そのとおりですよ。

それで、「リニア新幹線構想は地方を衰退《すいたい》させるものか」ということですが、例えば、今、東京から北海道へ行くにしても、飛行機で札幌《さっぽろ》に行き、そこで乗り換《か》えて道内《どうない》の各地まで行くとなると、何時間かかるか分からないですよね。これが一気に行けるようになることは、地方にとって、やはり、マイナスではないと思います。「東京だけ有利になるか」と言ったら、そんなことはありません。地方にとってマイナスではありません。

物流速度と人の移動速度等が上がれば、やはり、仕事の速度自体は上がるでしょう。

ただ、そうした物や人の移動を無視する考えでいけば、「いわゆる〝電波だけの仕事〟に切り替《か》えられるか」ということが一つの問題にはなります。

すなわち、「ＩＴやテレビの進化形等を使う商売だけで済むのか」ということですが、そうなると、人間は、やがて足が退化して歩けなくなるでしょうね。だから、そうはいかない面も残るだろうと思います。

交通革命自体は悪くないと思いますよ。単純ではあるが、分かりやすい政策ですね。

自然災害から国民を護《まも》るインフラ整備を

高層ビルについては、もちろん、地震《じしん》などの問題もあって、心配なところはあると思いますが、ものは考えようではないでしょうか。

これだけの地震大国であるわけですから、やはり、「耐震性《たいしんせい》をどれだけ高めるか」というところで技術革新をしていけばいいんですよ。他国の追随《ついずい》を許さないぐらい耐震構造を進化させていけば、ビルだって国際競争力がつくわけです。

「今後、世界で天変地異等が多発する」ということであれば、日本の技術は必要不可欠となります。ゼネコンも、談合《だんごう》して政府から予算を取ることばかり考えなくとも、技術に国際競争力があれば、仕事はもっと増えていきます。

もし外国で地震が起き、ペシャンコになる高層ビルがたくさん出てきたら、「これは、もう、日本の企業《きぎょう》に頼《たの》まなければいけない」というニーズが、もっと増えてきます。「ビルの下敷《したじ》きになりたくない」という思いは世界共通ですからね。

さらに、最近は津波《つなみ》も流行《はや》っているので、津波対策の産業もありえましょうね。

例えば、港の入口の海底にフェンスを設置し、津波が来るとなったら、下からガーッと上がってきて津波を防止する。そうすれば、津波は港を襲《おそ》えなくなります。港の外の海を津波が回っている分には構わないわけですから、津波を港のなかに入れないようにし、町を襲撃《しゅうげき》させないようにするわけです。もう未来社会のようですね。

あるいは、土手《どて》や堤防《ていぼう》などについても、普段《ふだん》は、見晴らしが悪くなるから、今ぐらいの高さでいいかもしれませんが、土手や堤防のなかに鉄か何かの津波除《よ》けフェンスを入れておき、津波警報が出たら、自動的にダーッと十メートル、二十メートルと上がっていって、津波を除けてしまえばいいでしょう。

今後、地震や津波が予想されている地帯では、そのようにインフラを整備していけば、被害《ひがい》は防げます。そういうことでしょう？　簡単なことですよ。

こうしてみると、「インフラは国民を護《まも》らない」とは言えないし、逆に、一人も死なずに済むこともあります。

あと、耐震性の高い高層ビルに対するニーズは、やはり、まだまだすごくあると思うので、日本は、この分野で、外国の追随を許さないものをつくる必要があります。

もし、アメリカで起きたテロのように、ビルに突《つ》っ込《こ》まれるのが怖ければ、テロの標的になりうるような一定以上の高さのビルには、対空砲火《たいくうほうか》を用意しておけばいいんですよ。

例えば、十階ごとに防衛装置をつくっておいて、何かが、一定以上、ビルに接近した場合には、その防衛システムが発動されるようにしておけばいいわけです。

ですから、別に空軍に護ってもらう必要は何《なん》にもないわけです。イラクやアフガンなどに駐留《ちゅうりゅう》していた兵士にとっては、実に有効な再就職先です。彼らに、「万一、テロ攻撃《こうげき》を受けた場合には、お護りください」と言って、ビルの防衛を頼み、「当ビルは、元特殊部隊《とくしゅぶたい》が護っておりますので、安全でございます。万一、旅客機が突っ込んできた場合には、撃墜《げきつい》いたしますので、大丈夫《だいじょうぶ》です」と宣伝をすれば、高層ビルは建ちますよ。

まあ、ビルから、リニアから、防潮堤……、方法はいくらでもあると思いますね。だから、競争力をつけることが大事だと考えます。

それから、地震対策についてのいろいろな設備投資にも、ニーズはあると思いますね。

例えば、地震被害等で火災が広がらないようにするため、それを食い止めるシステムがあっても、おかしくないですね。東京のように、これだけ大きな街になると、全部が燃えたら大変なことになるので、「どこかでブロックをかけて、火災を止めてほしい」というニーズはあるでしょう。「もし地震が起きて火が出たら、ここで火災を止める」というようなシステムがあっても、全然おかしくないと思います。

火を囲んでしまい、そこで消火作業にあたればいいわけですね。

日本には、おそらく、オーストラリアやアメリカの山火事を消すほどの消火能力はないのではないでしょうか。あれほどの大火を経験していないので、そのあたりまで準備しておくとよいと思います。

災害をブロック化して、それを鎮静化《ちんせいか》する手法をつくれば、町の再設計というものは、まだまだありうると考えます。

4　規制の壁《かべ》を突破《とっぱ》する方法

E――　もう一つ質問させていただきます。

交通革命や都市の再開発等を実現していく上では、さまざまな規制が壁《かべ》になると思います。規制緩和《かんわ》やイノベーション等により、打破していきたいと考えておりますが、そのあたりについての心掛《こころが》けをお教えいただければと思います。

不要な法律や条例等の廃止《はいし》を、言論にて訴《うった》えよ

ドラッカー　今、規制がいちばん少ないのは、実は宗教なんですよ。だから、

宗教でやれることを増やすことが大事です。

宗教で全部やってしまうんですよ。宗教の名の下《もと》に、いろいろなものをやってしまえばよいのです。宗教的意味合いを付ければ、それで済むのではないですか。

そういうかたちで、もっともっと何かできるのではないでしょうか。

例えば、「道路建設」と言わずに「参道建設」と言うとかですね（会場笑）。あるいは、「巡錫《じゅんしゃく》列車」とか、まあ、いろいろあるかもしれません。宗教の解《かい》釈《しゃく》を拡大しながら、やれるものはやらないといけないかもしれませんね。

とにかく、まずは言論が大事なので、「今、これが不要だ」というものを、どんどん発表していったらよいと思います。

国会で議論してもいいのですが、議論の〝もとになるもの〟が必要でしょうから、言論誌等で、「この法律は不要」「この条例は不要」というのを、どんどん発表して、槍玉《やりだま》に挙げていったらよいのではないでしょうか。

役所には頼《たよ》れません。自分たちでつくった法律だから、なかなか廃止《はいし》ができないので、やはり、彼らとは違《ちが》う者が「要《い》らない」と言うべきではないでしょうか。

でも、松下さんの言う「無税国家」や「予算のダム化」の考えではないけれども、今、地方公共団体の一部は、予算を複数年度制にして税金を減らすことに取り組み始めたそうではないですか。

時間がずいぶんかかっていますが、やってやれないことはないですね。

「予算の使い切り」というのは贅沢《ぜいたく》な話ですよ。「不況期《ふきょうき》には全部を使ってしまい、好況期にも全部を使う」というのでは、蓄《たくわ》えがなくなるのは当たり前でしょう。

計画経済が機能するような世の中ではありません。普通《ふつう》の家計でも考えるような、バッファーといいますか、将来についての備えは、やはり、考えるべきだと思いますね。

「埋蔵金《まいぞうきん》を発掘《はっくつ》して使う」だとか、そういう、小さなものの言い方をしないで、堂々と未来用の予算をつくっていく必要があるのではないでしょうか。

新産業育成こそ銀行の使命

それと同時に、やはり、民間でできることは、もっと民間にやらせるように努力しなければいけません。とりあえず、お上《かみ》意識の廃止がかなり要りますね。

特に、銀行業界が、もう少し、いわゆる民間企業《きぎょう》として、はっきり確立していれば、もう一段、いい仕事ができるのですが、どうしても、お上に監督《かんとく》されている意識が抜《ぬ》けないので、日本の銀行は駄目《だめ》なのです。

だから、銀行改革をしなければ駄目ですね。銀行は企業なのですから、その経営責任は銀行の経営責任者が取るべきであって、上が肚《はら》をくくれば、もっといい仕事ができるはずです。

監督官庁のほうを向かないで、自分たちで経営責任を持ち、大胆《だいたん》に判断していくべきだと思います。特に、今、こんなに少ない数にまで銀行が集約され、メガバンクができたのを見れば、そうした意味での、勇気、大胆さは、ますます必要でしょうね。

私は、生前、日本の都市銀行が二十近くもあるときに、「三、四行《こう》にまでなる」と予言しましたが、結果、そのとおりになってます。九〇年代の初めに、

「三行か四行にまで減るはずだ。銀行の数が多すぎる」ということを言いましたけれども、そのとおりになりましたね。

しかし、まだ金融界《きんゆうかい》には甘《あま》えがあります。かつての役所と同じで、「安定感があればいい」というようなところがありますね。

だから、銀行のところにも、もっとメスを入れないといけないのではないでしょうか。

新産業育成のための融資《ゆうし》をしないような銀行は、はっきり言って、要らないですね。要らないですよ。そうでなければ、銀行は使命を果たしているとは言えません。

特に、数行にまで減って、メガバンクになっているのだったら、これは、もう、ほとんど財務省の代わりのようなものなので、国に代わりて産業の育成をやらなければいけないと思います。

そして、国に代わって行う場合に必要なものは、先ほど言ったスピードですよ。スピードがなければ、もう民間とは言えないですね。だから、スピードアップですよ。それをやらなければいけません。

そうしなければ、最後は、「銀行」という業態自体が排除《はいじょ》されるようになると思いますね。資金の自己調達をする世界に入っていくはずなので、今、金融業界は存亡の危機だと思いますよ。

E――　ご指導、本当にありがとうございました。

それでは質問者を交替《こうたい》いたします。

5　人口増加策へのアドバイス

F――　私は月刊「ザ・リバティ」（幸福の科学出版刊）編集部の○○と申します。

ドラッカー先生は、ご生前、日本の高齢化《こうれいか》と、それによる社会構造の変化の問題を早くから指摘《してき》され、「毎年五十万人の移民を受け入れなければ、日本は経済が成り立たなくなるだろう」というようなことを警告しておられました。

この点について、現時点でも、そのお考えに変わりはないのでしょうか。

また、人口増加策について何かアイデアがございましたら、お教えいただければと思います。

移民政策に加え、「国家のM＆A」も必要

ドラッカー　うーん。今の感じですと、五十万人でも足りないかもしれませんね。五十万人では、ちょっと足りないかもしれません。

もう、「国家のM＆A」が必要なレベルに来ています。つまり、「〝準日本国〟として加盟してもらわないといけない」ということです。

東アジア共同体ではなく、準日本国としてM＆Aをさせていただかないと、間に合わないぐらいですね。「国家としてM＆Aをさせていただくかわりに、あなたがたの生活レベルは急速に上がりますよ。今の十倍ぐらいまで上がっていきますが、いかがですか」というぐらいの速度でいきたいものですね。

相手の国には、国家として存続してもらってもよいので、とにかく、「兄弟国家レベルのM&A」ぐらいをさせてもらわないと、五十万人の移民では、もう間に合いません。この国は滅《ほろ》びに至りますね。

手ごろな国をそろそろ探しに入ったほうが、よろしいのではないでしょうか。買える国は、あるのではないですか？　私でしたら、まず台湾《たいわん》を買いたいですね。台湾を買っておいたほうが便利ですよ。

台湾を買って日本領にしてしまえば、防衛上も非常にいい感じですね。台湾を買えないですか？　買うといっても、昔は同一国民だったときもあるのですから、「もう一回、仲良くやろうではないか」ということで、兄弟国家としてM&Aをさせてもらったらどうでしょうか。「あなたがたの自由と繁栄《はんえい》は護《まも》りますす」ということですね。

インドやオーストラリアなどとの関係強化を

さらに、日本は武力的な防衛がやや弱いので、「これも、もう一段、強化する必要があるのではないか」という気はいたします。

「今、一定以上の、武力の開発が可能である」ということと、「今後、日本がいちばん気をつけなければいけない存在として、中国がある」ということを考えると、M&Aという言葉は少し失礼に当たるかもしれませんが、インドあたりとは、はっきりと同盟を結んでおいたほうがよいと思いますね。

インドも、核《かく》開発は、やり放題です。隣《となり》のパキスタンには中国の援助《えんじょ》が入っているので、インドと同盟を結ぶといいですね。

日本は、憲法の改正ができないのでしたら、もう、インドに、一生懸命《いっしょうけんめい》、武器をつくってもらい、戦争をやるなら、「中国対インド」でやっていただく。日本は関与《かんよ》しないで、あちら側でやっていただくわけです。

中国とインドなら、「十三億対十二億」であり、ミサイルを撃《う》ち合ったところで、被害《ひがい》は似たようなものでしょうから、どうということはありません。世界の半分は、もう彼らであるわけですし、人口は、今後とも、ますます増え続けていくでしょうからね。

ですから、インドとは、もう一段太いパイプを結ぶ必要があります。M&Aをするには少し大きいかもしれません。できたら、やってしまいたいところですが、M&Aには少し大きいかもしれないので、もう一段、パイプを太くすることは必要ですね。

ネパールあたりだと、M&Aが可能な規模かと思います。「年収を十倍以上にしてあげます」ということで、ネパールあたりを買ってしまうのも一つかもしれませんね。

戦争によって攻《せ》め取るわけではありません。EU（欧州《おうしゅう》連合）のようなものを、日本の主体性でもって、つくるだけのことです。

M&Aという言い方は悪いかもしれませんが、EUのようなものです。EUは、それぞれの国が国家として独立しているけれども、集まって一つの共同体をつくっているではないですか。

東アジア共同体のような漠然《ばくぜん》とした言い方をせずに、目的性を持って結びつきをピシッと固め、「この国と、この国が要る」というかたちにしていったほうがいいと思いますね。

あとは、白人の国ですが、やはりオーストラリアです。オーストラリアには未来性があります。日本だけで三億人国家を達成できないにしても、オーストラリアの人口を増やし、そことの提携《ていけい》を考えるわけです。

「オーストラリアの人口増政策について協力したい。人口が二千万人しかいないのは、さびしいではないですか。カンガルーやコアラの魂《たましい》も人間にしてしまいましょうよ（笑）」ということで、オーストラリアと提携し、もっと多くの人が住めるような国へと開発して、関係を強化しておきたいところですね。

東南アジアのなかでも、もちろん選ぶべきです。日本と親密になる可能性が高いのは、おそらくタイだと思います。ただ、タイは治安が非常に悪いので、彼らにとっても、日本と、もう一段、強い協力関係を築いていったほうがいいでしょうね。

このあたりを軸《じく》にした上であれば、もちろん、東アジア全体に行《い》ってもよろしいのですが、最初から東アジア共同体のようなものを目指すと、富が分散して、国力が落ちるのです。

だから、特定の国を狙《ねら》い撃ちにして、提携関係を強力に結んでいくことです。ま、M&Aという言葉の響《ひび》きが悪ければ、EU的なものだと考えてくださって結構です。

男女がいても、お互《たが》いに、「好き」とも言わず、プロポーズもしない状態では、何も進展いたしません。やはり、どちらかが切り出さなければいけないんですよ。だから、「あなたが好きよ」と、こちらから言ってあげないといけないんですね。それは、やったほうがよろしいと思います。

例えば、インドとの外交関係を強力に進めていけば、中国は、日本に対して、「インドとの関係を切れ」と言いたいところでしょうが、「切れ」と言う以上は、交換《こうかん》条件を出さなければいけなくなってきますね。

中国のほうが、「インドと日本が、そんなに親密になられたら、防衛上、困るから、関係を切れ」と言ってくるようでしたら、「では、交換条件が要ります。日本に向けている核兵器を、全部、撤収《てっしゅう》していただけますか」と、まあ、そのぐらいは言い返してみてもいいでしょうね。

今、中国は、「真珠《しんじゅ》の首飾《くびかざ》り作戦」といって、インドを取り囲む包囲網《ほういもう》をつくろうとしています。これは将来的に非常な脅威《きょうい》となります。アメリカが衰退《すいたい》していったときには、真珠の首飾り作戦が完全に完成してしまうので、インドも、やはり、中国による包囲網を分断したいでしょう。

その意味で、台湾やインドとは、日本が歩み寄りさえすれば、もう少し強力なパイプをつくれるだろうと思います。

また、ネパールあたりも日本の友好国になれば、中国西部のほうからの牽制《けんせい》力《りょく》は十分に働いてきますね。

さらにはモンゴルです。相撲《すもう》の面では、今、少しこじれているそうですが、まだ修復する余地はありますので、モンゴルとは、相撲以外のところでも、もっと仲良くしていく必要はあるでしょう。

あとは、資源的なもので見たら、カルマの刈《か》り取りとして、シベリア地区に対し、もう一段の攻勢をかけていく必要はあると思います。

このように、アメリカとのパイプは引き続き強くしておきたいものの、日本の独自性は出していかなければならないと思いますね。中国の覇権《はけん》主義に対抗《たいこう》する戦略戦術は立てておかなくてはいけないと思います。

Ｆ――　ありがとうございます。

6　ドラッカーの過去世《かこぜ》について

F――　最後に一点だけ質問させていただきます。

ドラッカー先生は、「日本人としての過去世《かこぜ》は明らかにしたくない」とのことでしたが、日本人以外の転生《てんしょう》で、「明らかにしてもよい」というものがございましたら、お教えいただけませんでしょうか。

中国に兵法家として生まれたことがある

ドラッカー　私は最近の人間ですし、ドラッカーとしてのイメージが壊《こわ》れてしまうので、今は、あまり、そういう気分ではないんですよ。

もう少し評価が定まれば、「言ってもいいのかな」とは思うけれども、うーん……、いや、言いたくないな。まだ、帰天《きてん》して五年ですし、神様として祀《まつ》られている状況《じょうきょう》ではないですからね。

あなたがたが世界宗教になるようでしたら、明らかにしたいと思いますが、もし、ならないようでしたら、それは、「私の経営指導の手腕《しゅわん》が悪い」ということになるので、まだ黙《だま》っていたほうが賢《かしこ》いと思います。

ただ、かつて一定の実績をあげたことがある者の一人です。

まあ、一つだけ言っておきましょうか。

古代では、中国に生まれたことがあります。兵法家として知られている者の一人です。私の兵法を、みなさんは勉強なさっていました。そして、私は現代でも〝兵法〟を説いています。

ま、ヒントとして、そのあたりをあげておけば、だいたい想像はつくだろうと思います。「そういう人が日本に生まれるとしたら、どのあたりで生まれるだろうか」ということを想像すればよいかと思います。

ただ、ドラッカーは、いちおう、「アメリカで活躍《かつやく》した人間」ということになっておりますので、今のところ、まだ言わないほうが、私にとってはよいような気がします。

中国に対しても、恐《おそ》れずに言論を張るべきだ

最後に、もう一つ、中国に言わなければいけないのは、例えば、「産経新聞の支局を出せないような国を日本は信用しない」というようなことですね［注］。

「そういう弾圧《だんあつ》体質が国際的孤立《こりつ》を生むんです。十数億人もの人口を持っているのだから、もう少しオープンでなければいけない」と、たまには説教しなければいけませんね。「靖国《やすくに》参拝は、けしからん」などと言われたら、「産経新聞の支局を閉鎖するなんて、けしからん」と、もっと言わなければいけなかったですね。だから、仲間意識が足りないですね。

やはり、「自由に取材できないような国は駄目《だめ》です。批判するものをも受け入れるのが『大国の条件』ですよ。自分たちを批判するような情報を受け入れなければ、進化することは難しいのです」ということを言わなければいけません。

そういう意味では、諸外国から批判され、多少うろたえつつも存在している日本というのは、大国の条件を満たしていると私は思います。

中国は、この点について改善しないといけないので、恐《おそ》れずに言論を張ることが必要ですね。

今の日本を変えるには、ジャック・ウェルチ級の経営者が要《い》る

F――長時間にわたり、さまざまなご指導を賜《たまわ》り、本当にありがとうございました。ドラッカー先生のマネジメントの思想を実践《じっせん》し、幸福の科学および幸福実現党をさらに成長させていきたいと考えます。

ドラッカー ご成功を祈《いの》ります。ご成功を祈りますが、しかし、非常に大きな負債《ふさい》を抱《かか》え込《こ》むのと同じ状態にはなりますよ。これは大きな荷物です。

あなたがたが国の借金まで背負わなければいけないのかと思うと、涙《なみだ》が出ま

すね。

「私が日本国のコンサルタントとして入ったら何をするだろうか」と考えると、やはり、ジャック・ウェルチを呼んできます。ジャック・ウェルチを呼んできて、「すまないが、日本国籍《こくせき》を一時的に与《あた》えるから、総理大臣をやってくれるか」と言いますね。

あのくらいドライな人にやらせないと無理です。ジャック・ウェルチは、まだ死んでいませんか？　まだ生きていますね？

カルロス・ゴーンでは少し弱いかもしれないので、ジャック・ウェルチあたりを呼んできたらいいと思います。名誉《めいよ》日本国民として内閣総理大臣に任命し、「やってくれないか」と頼《たの》んだら、もう、スパスパとやってくれると思います。

ナンバーワンとナンバーツー以外は、全部、切り捨ててくれるでしょうね。

不採算部門も、全部、切ってくれるでしょう。さんざん整理してから、アメリカに帰っていただければ、それで済むわけです。

実は、「その程度の人を、今、必要としている」ということです。あのくらいやらないと、この国は改善できませんね。

私はジャック・ウェルチも指導していましたが、何というか、彼は、私に対して、パートナーという感じの扱《あつか》い方をしようとしてきました。

しかし、それではコンサルタントができない。コンサルタントは、やはり、パートナーではなく参謀《さんぼう》として、言いにくいことも言い、きついことも言い、直言しなければいけない。パートナーという立場で、同じような方針を共有したのでは、コンサルタントはできないので、向こうは尊敬してくださっていたのですが、私は、そういう提携《ていけい》関係を解消させていただいたのです。

まあ、ジャック・ウェルチは、やることがきついですね。「彼のやったことが、全部、ドラッカーの指導だと思われたら、私は天上界《てんじょうかい》に還《かえ》れないのではないか」と心配になるぐらい、きつすぎるイメージがあったのですが、ただ、今の日本には、ああいう人が必要ですね。

もう、日本人が駄目なら、外国人を呼ぶしかないわけですが、まあ、「ジャック・ウェルチを総理大臣に据《す》えたら、何をするだろうか」ということを、想像して、シミュレーションしてみたらいいんですよ。

私は意見を言いますが、まだ人が好《よ》すぎるので、自分ではできない。とてもできませんが、「彼なら、どうすると思うか」と想像してみたら、やるべきことが見えてくる。それが日本への処方箋《しょほうせん》です。

そこに、日本がやるべきことがあるはずですね。大胆《だいたん》にやらなければいけないと思います。

しかし、今の日本には、それだけ強い経営者は、ちょっと見当たらないかもしれませんがね。

F――　本日は、ありがとうございました。そうした役割を担《にな》えるように努力してまいります。

［注］同社の北京《ペキン》支局は、一九六七年から一九九八年まで、中国当局によって閉鎖《へいさ》されていた。

あとがき

『ドラッカー全集』に一冊を追加したような不思議な感慨《かんがい》に胸を打たれている。ドラッカーの名著『現代の経営』（上・下）（野田一夫監修・ダイヤモンド社／現在は上田惇生《あつお》訳で出ている）との出会いが、私にとっての初めてのドラッカー体験だった。以後、教団の曲がり角の折々に、霊的なアドバイスを頂戴《ちょうだい》した。先日、私の創立した『幸福実現党』一周年記念大会でも、訳者の野田一夫先生からお言葉を頂いた。このご縁を大切にしたいものだと思う。

また、私の説く数々の経営講演にも、ドラッカー師は霊的にご支援《しえん》して下さっている。まことに有難いことで、国難の日本と、不況に苦しむ世界を救うために、微力《びりょく》ながら、今後とも努力を続けていく所存《しょぞん》である。
本書は誠実に語りおろされたものなので、信用性については、ご信頼して頂いて結構かと思う。

二〇一〇年　五月二十五日

幸福《こうふく》の科学《かがく》グループ創始者兼総裁《そうししゃけんそうさい》　大川隆法《おおかわりゅうほう》

『ドラッカー霊言による「国家と経営」』大川隆法著作関連書籍

『危機に立つ日本』（幸福の科学出版刊）
『松下幸之助 日本を叱る』（同右）
『富国創造論』（同右）

ドラッカー霊言《れいげん》による「国家《こっか》と経営《けいえい》」
――日本再浮上への提言――

2010年6月11日　初版第1刷

著　者　　大《おお》川《かわ》隆《りゅう》法《ほう》

発行所　　幸福の科学出版株式会社
〒142-0041 東京都品川区戸越1丁目6番7号
TEL(03)6384-3777
http://www.irhpress.co.jp/

印刷・製本　株式会社 堀内印刷所

落丁・乱丁本はおとりかえいたします

ISBN978-4-86395-049-8 C0030

大川隆法 最新刊・霊言シリーズ

富国創造論

公開霊言 二宮尊徳・渋沢栄一・上杉鷹山

資本主義の精神を発揮し、近代日本を繁栄に導いた経済的偉人が集う。日本経済を立て直し、豊かさをもたらす叡智の数々。

第１章　資本主義の精神で日本を再興せよ　<二宮尊徳>
年金制度改革の方向性／地方を振興させる秘策とは／新産業創出のためのヒント　ほか

第２章　大きな発想で新産業をつくれ　<渋沢栄一>
日本経済を立て直すための指針
地球規模の繁栄を目指すために　ほか

第３章　財政再建のためのアイデア　<上杉鷹山>
民主党政権を、どのように見ているか
中国経済への警告／行政改革と公務員のあり方　ほか

1,500円

マルクス・毛沢東のスピリチュアル・メッセージ

衝撃の真実

共産主義の創唱者マルクスと中国の指導者毛沢東。思想界の巨人としても世界に影響を与えた、彼らの死後の真価を問う。

第１章　死後のマルクスを霊査する
マルクスは今、どんな世界にいるのか
マルクス思想の「三つの問題点」を検証する　ほか

第２章　毛沢東が語る「大中華帝国」構想
革命運動の奥にあった真の目的とは／中国はアジアの覇権国家を目指している／日本の外交は、どう見えているか　ほか

1,500円

※表示価格は本体価格(税別)です。

マッカーサー 戦後65年目の証言

マッカーサー・吉田茂・山本五十六・鳩山一郎の霊言

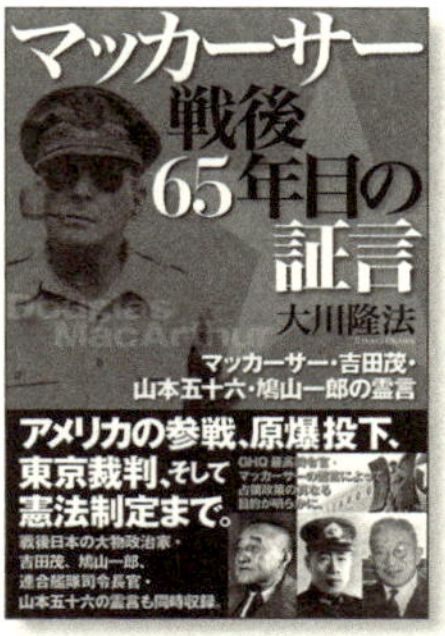

GHQ最高司令官・マッカーサーの霊によって、占領政策の真なる目的が明かされる。日本の大物政治家、連合艦隊司令長官の霊言も収録。

1,200円

日米安保クライシス

丸山眞男 vs. 岸信介

「60年安保」を闘った、政治学者・丸山眞男と元首相・岸信介による霊言対決。二人の死後の行方に審判がくだる。

1,200円

民主党亡国論

金丸信・大久保利通・チャーチルの霊言

三人の大物政治家の霊が、現・与党を厳しく批判する。危機意識の不足する、マスコミや国民に目覚めを与える一書。

1,200円

大川隆法 ベストセラーズ・霊言シリーズ

西郷隆盛 日本人への警告

この国の未来を憂う

西郷隆盛の憂国の情、英雄待望の思いが胸を打つ。日本を襲う経済・国防上の危機を明示し、この国を救う気概を問う。

第１章　沈みゆく日本を救うために
新たな国づくりのための指針／信念でもって人を動かせ
この国を背負う若者へのメッセージ　ほか
第２章　信念を持って、この国を護り抜け
未来の設計図を提示せよ／正義と政治のあるべき姿
中国が覇権を握ると日本はどうなるか　ほか

1,200円

一喝！ 吉田松陰の霊言

21世紀の志士たちへ

明治維新の原動力となった情熱、気迫、激誠の姿がここに！　指導者の心構えを説くとともに、現政権を一喝する。

第１章　指導者としての厳しさを知れ
リーダーを輩出するための心構え
真剣勝負で戦い、大義を成就せよ　ほか
第２章「一日一生」の思いで生きよ
国民の価値観を変えるために／吉田松陰の二十九年の人生が示すもの／若者のリーダーたるべき者とは　ほか

1,200円

大川隆法ベストセラーズ・霊言シリーズ

龍馬降臨

幸福実現党・応援団長 龍馬が語る
「日本再生ビジョン」

坂本龍馬の180分ロングインタビュー(霊言)を公開で緊急収録! 国難を救い、日本を再生させるための戦略を熱く語る!

第1章　日本を根本からつくり直せ

日本の政治とマスコミの現状/国難を打破する未来戦略
新しい産業を起こすための経済政策　ほか

第2章　幸福維新の志士よ、信念を持て

現代の海援隊とは何か/龍馬暗殺の真相
なぜ幸福実現党の応援団長をしているのか　ほか

1,300円

松下幸之助 日本を叱る

天上界からの緊急メッセージ

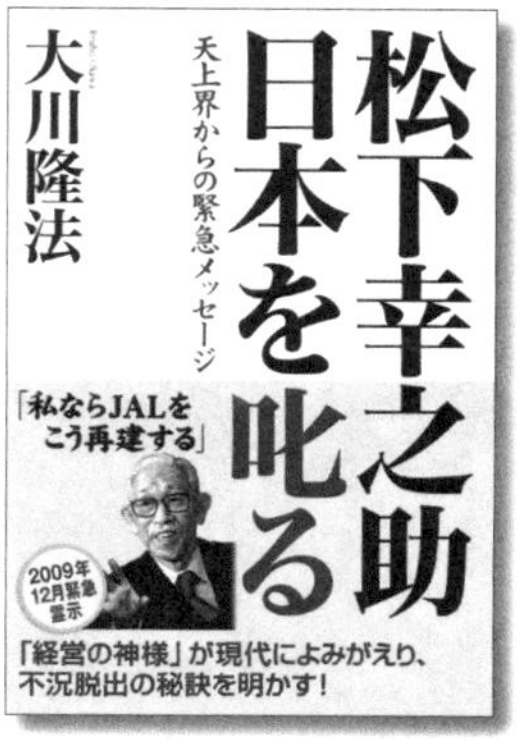

天上界の松下幸之助が語る「日本再生の秘策」。国難によって沈みゆく現代日本を、政治、経済、経営面から救う待望の書。

第1章　国家としての主座を守れ

日本を救うために必要な精神とは/今の日本の政治家に望むこと/景気対策の柱は何であるべきか　ほか

第2章　事業繁栄のための考え方

未来に価値を生むものとは/天命や天職をどのように探せばよいか/商才の磨き方とは　ほか

1,300円

※表示価格は本体価格(税別)です。

大川隆法ベストセラーズ・新しい国づくりのために

宗教立国の精神

この国に精神的主柱を

なぜ国家には宗教が必要なのか？　政教分離をどう考えるべきか？　国民の疑問に答えつつ、宗教が政治活動に進出するにあたっての決意を表明する。

2,000円

危機に立つ日本

国難打破から未来創造へ

2009年「政権交代」が及ぼす国難の正体と、現政権の根本にある思想的な誤りを克明に描き出す。未来のための警鐘を鳴らし、希望への道筋を掲げた一書。

1,400円

創造の法

常識を破壊し、新時代を拓く

斬新なアイデアを得る秘訣、究極のインスピレーション獲得法など、仕事や人生の付加価値を高める実践法が満載。業績不振、不況など難局を打開するヒントがここに。

1,800円

※表示価格は本体価格（税別）です。

大川隆法ベストセラーズ・混迷を打ち破る「未来ビジョン」

幸福実現党宣言

この国の未来をデザインする

政治と宗教の真なる関係、「日本国憲法」を改正すべき理由など、日本が世界を牽引するために必要な、国家運営のあるべき姿を指し示す。

1,600円

政治の理想について

幸福実現党宣言②

幸福実現党の立党理念、政治の最高の理想、三億人国家構想、交通革命への提言など、この国と世界の未来を語る。

1,800円

政治に勇気を

幸福実現党宣言③

霊査によって明かされる「金正日の野望」とは？　気概のない政治家に活を入れる一書。孔明の霊言も収録。

1,600円

新・日本国憲法試案

幸福実現党宣言④

大統領制の導入、防衛軍の創設、公務員への能力制導入など、日本の未来を切り開く「新しい憲法」を提示する。

1,200円

夢のある国へ――幸福維新

幸福実現党宣言⑤

日本をもう一度、高度成長に導く政策、アジアに平和と繁栄をもたらす指針など、希望の未来への道筋を示す。

1,600円

幸福の科学

あなたに幸福を、地球にユートピアを――
宗教法人「幸福の科学」は、
この世とあの世を貫く幸福を目指しています。

幸福の科学は、仏法真理《ぶっぽうしんり》に基づいて、まず自分自身が幸福になり、その幸福を、家庭に、地域に、国家に、そして世界に広げていくために創られた宗教です。

「愛とは与えるものである」「苦難・困難は魂を磨く砥石《といし》である」といった真理を知るだけでも、悩みや苦しみを解決する糸口がつかめ、幸福への一歩を踏み出すことができるでしょう。

この仏法真理を説かれている方が、大川隆法総裁です。かつてインドに釈尊《しゃくそん》として、ギリシャにヘルメスとして生まれ、人類を導かれてきた存在、主エル・カンターレが、現代の日本に下生《げしょう》され、救世の法を説かれているのです。

主を信じる人は、どなたでも幸福の科学に入会することができます。あなたも幸福の科学に集い、本当の幸福を見つけてみませんか。

幸福の科学の活動

●全国および海外各地の精舎《しょうじゃ》、支部・拠点などで、大川隆法総裁の御法話拝聴会、祈願や研修などを開催しています。

●精舎は、日常の喧騒《けんそう》を離れた「聖なる空間」です。心を深く見つめることで、疲れた心身をリフレッシュすることができます。

●支部・拠点は「心の広場」です。さまざまな世代や職業の方が集まり、心の交流を行いながら、仏法真理を学んでいます。

幸福の科学入会のご案内

◆精舎、支部・拠点・布教所にて、入会式にのぞみます。入会された方には、経典《きょうてん》「入会版『正心法語《しょうしんほうご》』」が授与されます。

◆仏弟子としてさらに信仰を深めたい方は、三帰誓願式《さんきせいがんしき》を受けることができます。三帰誓願式とは、仏・法・僧の三宝《さんぼう》への帰依《きえ》を誓う儀式です。

◆お申し込み方法等は、最寄りの精舎、支部・拠点・布教所、または左記までお問い合わせください。

幸福の科学サービスセンター
TEL 03-5793-1727
受付時間 火～金：一〇時～二〇時 土・日：一〇時～一八時

大川隆法総裁の法話が掲載された、幸福の科学の小冊子（毎月１回発行）

月刊「幸福の科学」
幸福の科学の教えと活動がわかる総合情報誌

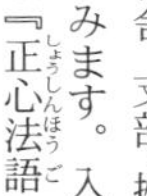

「ザ・伝道」
涙と感動の幸福体験談

「ヘルメス・エンゼルズ」
親子で読んでいっしょに成長する心の教育誌

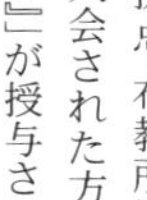

「ヤング・ブッダ」
学生・青年向けほんとうの自分探究マガジン

幸福の科学の精舎、支部・拠点に用意しております。詳細については下記の電話番号までお問い合わせください。

TEL 03-5793-1727

宗教法人 幸福の科学 ホームページ **http://www.kofuku-no-kagaku.or.jp/**